Das Original

TASTY
over the top

Das Original

TASTY™
over the top

**75 übertrieben gute Rezepte –
bunter und besser denn je!**

südwest

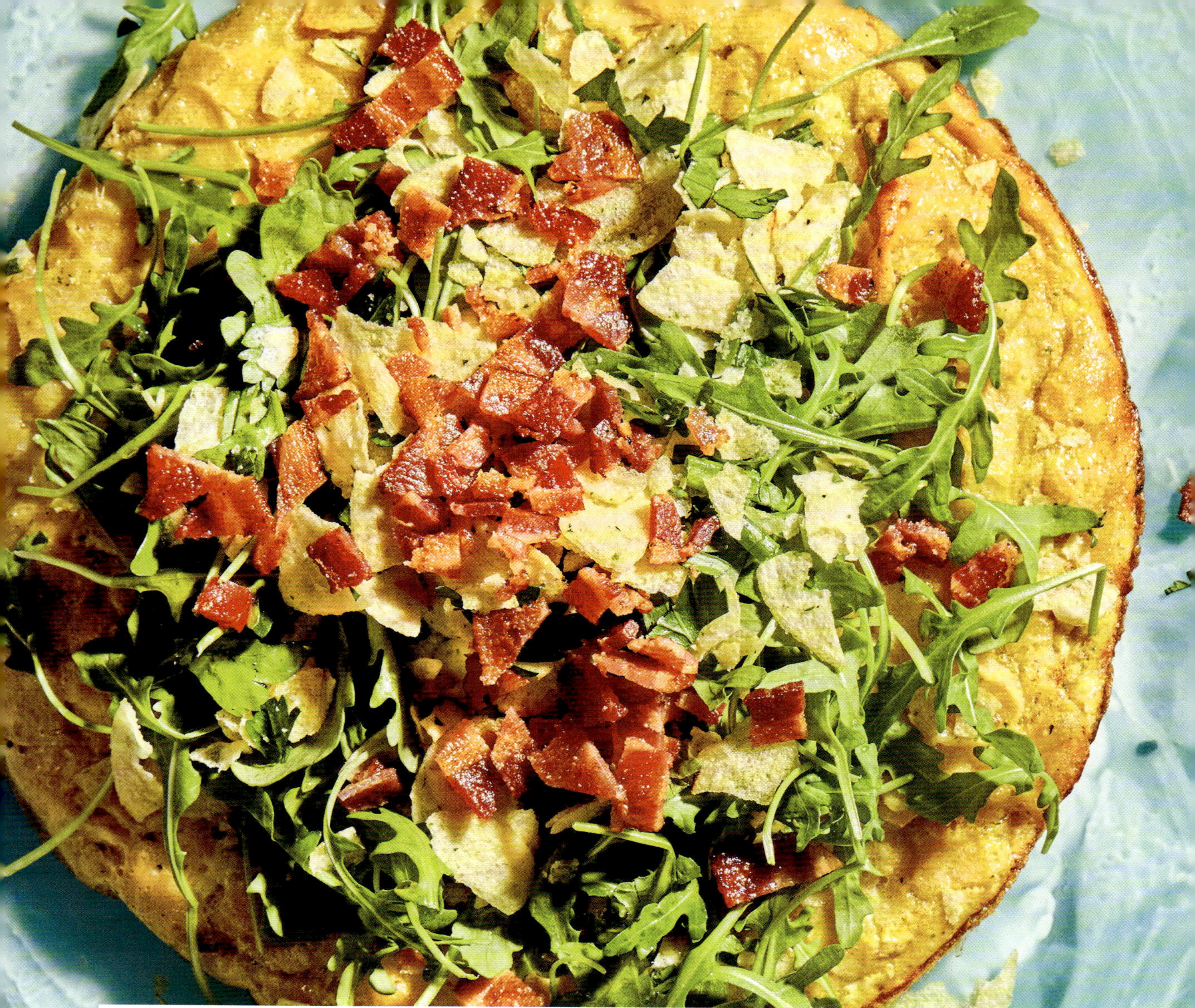

1. Auflage
© der deutschsprachigen Ausgabe 2023 by
Südwest Verlag, einem Unternehmen
der Penguin Random House Verlagsgruppe
GmbH, Neumarkter Straße 28,
81673 München

Die Originalausgabe erschien 2021 unter dem
Titel »TASTY® OVER THE TOP: High Drama,
Low Maintenance« bei Clarkson Potter, New
York. Tasty und Einfach Tasty sind Marken von
BuzzFeed, Inc.

Projektleitung: Vanessa Silbermann
Übersetzung: Dr. Ulrike Kretschmer
Satz & Redaktion: Matthias Liesendahl
Umschlaggestaltung für die deutschsprachige
Ausgabe:
OH, JA! (www.oh-ja.com)
unter Verwendung von Fotos von
Lauren Volo.
Druck und Bindung: Alföldi, Debrecen
Printed in Hungary

MIX
Papier | Fördert
gute Waldnutzung
FSC® C010328

Penguin Random House Verlagsgruppe
FSC® N001967

ISBN 978-3-517-10139-2
www.suedwest-verlag.de

INHALT

KURZ VORWEG

Das Wichtigste zuerst: Was genau heißt *Over the Top:* Noch einen draufsetzen? Dass die Rezepte in diesem Buch Profikönnen und eine irrsinnig aufwendige Küchenausstattung erfordern? Hmmm … das klingt so gar nicht nach einem Buch, mit dem man Spaß haben könnte. Dass hier irgendetwas auf etwas anderes gesetzt wird? Das ganz bestimmt! Es gibt auch Dinge *in* anderen Dingen, außerdem wird viel beträufelt und gefüllt. Aber nein, das meinen wir mit *Over the Top* eigentlich auch nicht. Meinen wir dann, dass du Aromen, Möglichkeiten des Anrichtens und Kombinationen entdecken wirst, an die du nie auch nur gedacht hast? Ja! Dass du dich an Sachen heranwagen wirst, die übertrieben, bunt, schlicht: einfach fantastisch und doch machbar sind? Noch ein Ja! Dass die Rezepte in diesem Buch dich alles infrage stellen lassen, was du bisher in der Küche für richtig gehalten hast? Dass diese Rezepte den Beginn deines neuen Lebens markieren, eines Lebens voller *Over the Top*-Köstlichkeiten? Jaaaa!!! Genau darum geht es in diesem Buch!

Over the Top kann etwas Kleines, etwas Simples sein, das aus dem Alltäglichen das Außergewöhnliche macht, etwa eine **Tomatensuppe in Brotschale mit gegrilltem Käse** (Wie bitte?? siehe S. 60), **Donuts mit Erdnussbutter & Marmelade** (zum Ausflippen bitte auf S. 34 blättern), einen **Milkshake Overload**, den man mit eigenen Augen gesehen haben muss (Rezept siehe S. 134, Foto siehe S. 132), oder einen **Knusprigen BLT-Salat** (siehe S. 72), der alles hat, was das Sandwich auch hat, nur eben als Salat. Die 75 Rezepte in diesem Buch werden dich mit ihrer Kreativität, ihren raffinierten Tricks und ihrem *Over the Top*-Njamnjam ganz bestimmt umhauen, versprochen.

Und während die Rezepte mit Geschmack und Einfallsreichtum punkten, bleiben sie hinsichtlich Zutaten und Zubereitung doch einfach. Die **Cheez-it-Quiche** beispielsweise kommt mit nur sechs Hauptzutaten aus (siehe S. 36, voilà!). Beim **BBQ vom Blech** (husch, husch zu S. 81) werden nur Dinge in Alufolie gepackt und gemeinsam mit allem Möglichen auf einem Blech (daher der Name …) gebacken. Oder – halt dich fest – die **Party-Salatplatte**: Ein bisschen was auswickeln, ein paar Gläser öffnen, Salatzutaten auf einem großen Teller verteilen, und schon steht eines der elegantesten Gerichte auf dem Tisch, die die Küche hergeben kann (Vorhang auf ab S. 92). Du wirst eine Menge Pakete, Gläser, Dosen, Tüten und Schachteln alltäglicher Lebensmittel in diesem Buch finden – ganz nach dem Motto: Mach dir nicht mehr Arbeit als unbedingt nötig.

Wenn es aber ums Anrichten geht, darfst du ruhig aus dem Vollen schöpfen und dich so richtig was trauen. Hier wird *Over the Top* zur Weltanschauung, so wie Konfetti, Wunderkerzen, Cocktailschirmchen, Drag Queen Contests, Stimmungsringe, T-Shirt-Kanonen, Goldlamé, Muscle-Cars, Hotdog-Esswettbewerbe, Achterbahnen und billige aufblasbare Pool-Flamingos. Ergibt das alles Sinn? Egal! Nimm dein verrücktestes Gericht und pepp es auf, mit Glitzer, Sauce, Deko (aus dem Vollen schöpfen). Oder verzichte auf den Schnickschnack und lass das Essen für sich selbst sprechen (sich so richtig was trauen). Schlichter Teller oder teuerstes Porzellan? Nebensächlich! Beim Anrichten gibt es kein Richtig oder Falsch, nur den kreativen Blick auf die Dinge.

Und jetzt kommt das Wichtigste noch zum Schluss: Hab Spaß beim Kochen! Die Rezepte in diesem Buch wollen deine Fantasie befeuern, dich zum Lachen bringen und zum Nachdenken anregen – darüber, was Essen sein kann. Stürz dich mit Offenheit hinein und warte ab, wohin diese dich führen wird. Nichts im Leben sollte allzu ernst genommen werden, schon gar nicht das Kochen. Also los: Sei selbst ganz *Over the Top* und setz noch einen drauf!

Vorratsschrank – DIE BASICS

Auf den folgenden Seiten findest du alles, was unserer Meinung nach als Vorrat in den Kühlschrank oder ins Küchenregal gehört – die unbedingt notwendigen Basics ebenso wie die Spielereien, mit denen das Kochen erst richtig Spaß macht. Die meisten der genannten Zutaten sind relativ preiswert und halten sich lange, damit aus *Over the Top* nicht etwa »Über dem Budget« wird.

Fette und Öle

Olivenöl extra vergine. Heutzutage gibt es im Supermarkt qualitativ gute und preiswerte kaltgepresste Olivenöle, die sich perfekt für die Alltagsküche eignen. Für Dressings und zum Beträufeln darf es etwas exquisiter sein: Hier lohnt sich die Investition in eine Flasche extraköstliches Olivenöl extra vergine.

Pflanzenöl. Die geschmacklich etwas neutraleren Pflanzenöle haben einen hohen Rauchpunkt und sollten deshalb immer dann zum Einsatz kommen, wenn frittiert, im Wok gebraten oder bei großer Hitze angebraten wird. Raffiniertes Rapsöl beispielsweise hat einen Rauchpunkt von 205 °C, raffiniertes Sonnenblumenöl einen Rauchpunkt zwischen 210 und 225 °C.

Erdnussöl. Das robusteste unter den Pflanzenölen ist zweifelsohne dieses angenehm nach Erdnüssen schmeckende Öl: Raffiniert hat es einen sehr hohen Rauchpunkt (230 °C) und ist somit in der Pfanne quasi unkaputtbar.

Butter. Wir empfehlen Butter, wenn du das gewisse Extra an schmelzendem Geschmack in ein Gericht bringen willst. Oder anders ausgedrückt: Mit der Investition in wirklich gute Butter wird aus einem Gericht ein veritables *Over the Top*-Gericht. Eine weitere Möglichkeit ist, die Butter selbst herzustellen. Und eine dritte besteht darin, sich eine Kuh zu kaufen. Hehe…

Essig

Rotweinessig. Der geschmacksintensive Rotweinessig verleiht (beinahe) jedem Gericht eine angenehme Säure – besonders dann, wenn andere Aromen zu dominieren drohen.

Weißweinessig. Weißweinessig eignet sich hervorragend als Dressingzutat für weniger robuste Salate und als Würzmittel für helles Fleisch wie beispielsweise Geflügel.

Apfelessig. Der unverwechselbar süß-säuerliche Geschmack verleiht sowohl süßen als auch pikanten Gerichten einen schönen Akzent und eine wunderbar abrundende Note.

Würzmittel und -saucen

Tamari. Tamari ist eine japanische Variante der Sojasauce. Sie ist aromenreicher als die meist nur salzige chinesische Sojasauce und häufig glutenfrei (wer diesbezüglich ganz sichergehen will, werfe einen Blick auf die Zutatenliste).

Dijonsenf. Dijonsenf ist *der* Senf – alles andere ist Käse. Dressings, Saucen und Sandwiches bekommen mit ihm jede Menge Aroma, ohne dass ein unangenehmer Senfnachgeschmack zurückbleiben würde.

Herkömmlicher Senf und körniger Dijonsenf. Okay, vergiss das mit dem Käse – manche Gerichte brauchen den knalligen Senfgeschmack einfach. Und geht es um die Konsistenz, ist der »knackige« körnige Dijonsenf nicht zu schlagen. Diese beiden Senfsorten gehören also auf jeden Fall in den Kühlschrank.

Mayonnaise. Mayo ist eine echte Geheimwaffe: Sie bringt nicht nur jede Menge Geschmack mit, sondern bindet auch exzellent. Sie ist übrigens ziemlich leicht selbst herzustellen – bloß keine Angst!

Ketchup. Ketchup ist natürlich auf jedem Burger ein absolutes Muss, aber auch so manchen Saucen und Glasuren verleiht das Würzmittel eine angenehme pikante Säure.

Chilisauce. Chilisaucen kommen in einer ungeheuren Vielfalt daher, von Tabasco über Sriracha bis zur Habanero-Sauce. Am besten wählst du eine für den Alltag und einige weitere für ganz besondere Gerichte. Richtige Chilisaucen-Fans werden ohnehin schon eine *Over the Top*-Auswahl im Vorratsschrank stehen haben.

Honig. Honig kann recht teuer sein, lohnt die Investition aber. Am besten wählst du e nen Honig aus deiner Region. Wer neben K ee-, Wildblüten- und Lavendelhonig was ganz Verrücktes ausprobieren will, setzt noch einen d rauf und versucht es beispielsweise mal mit scharfem Honig!

Erdnussbutter. Die gute alte Erdnussbutter bildet die Brücke zwischen süßen und pikanten Gerichten. Und mit »gut« meinen wir alles, von der Erdnussbutter aus deiner Kindheit bis zur Erdnussmus-Reformhausvariante. Deshalb sollte immer ein Glas dieser Köstlichkeit zur Hand sein.

Marmelade und Konfitüre. Wer Marmelade nur aufs Brötchen schmiert, verpasst eine ganze Menge! Marmeladen und Konfitüren aus verschiedenen Früchten peppen Desserts ebenso auf wie das Frühstück – und können sogar beim Mixen von Cocktails zum Einsatz kommen.

Trockene Zutaten

Nudeln. Zum Thema Nudeln ist anderriorts eigentlich schon alles gesagt worden. Deshalb hier nur so viel: Sie sind unverzichtbar. Punkt.

Reis. Ähnlich wie bei Nudeln gibt es inzwischen auch eine ungeheure Vielfalt an Reissorten, vom schwarzen Reis bis zum roten Reis aus der Camargue. Abgesehen von diesen *Over the Top*-Sorten solltest du immer eine kleine Auswahl an Langkornreis, Rundkornreis, Naturreis, Duftreis, Risottoreis, Basmatireis und Sushireis zu Hause haben.

Semmelbrösel. Sie eignen sich perfekt zum Binden, Panieren und Bestreuen. Am besten kaufst du ungewürzte Semmelbrösel, bei denen kannst du dann ganz nach Bedarf mit Kräutern und Gewürzen eigenhändig einen draufsetzen. Wirklich *over the top* gehst du, wenn du auch die Semmelbrösel selbst herstellst, aus altbackenem Brot in der Küchenmaschine. Sie halten sich übrigens auch sehr gut im Tiefkühlfach.

Mehl. Für die Rezepte in diesem Buch verwenden wir ausschließlich das Standardmehl (Weizenmehl Type 405).

Natron und Backpulver. Beides sind Backtriebmittel, aber mit unterschiedlicher Wirkweise. Natron reagiert auf Säure, deshalb beginnt das Aufgehen sofort. Backpulver reagiert auf Säure und Wärme, weshalb das Aufgehen erst im Ofen geschieht. Meist wird beides gemeinsam benutzt, austauschbar sind Natron und Backpulver jedoch nicht. Wer seinen Backwaren einen Gefallen tun will, kauft alle 6 bis 12 Monate frisches Backpulver.

Zucker. Unser Standardsüßungsmittel ist handelsüblicher Haushaltszucker.

Heller brauner Zucker. Brauner Zucker ist nichts anderes als Haushaltszucker, der mit Melasse (dunkelbrauner Zuckersirup) gemischt wurde. Der helle braune Zucker hat einen etwas feineren Geschmack als der dunkle und ist deshalb vielseitiger anwendbar.

Puderzucker. Mit Puderzucker bekommen Frühstück und Dessert das perfekte *Over the Top*-Finish, für den Zuckerguss ist er absolut unerlässlich.

Gewürze

Salz. Der gekonnte Umgang mit Salz ist Schritt Nummer eins, wenn *Over the Top* wirklich *over the top* werden soll. Meer- oder Steinsalz lässt sich leicht handhaben und ist nicht übermäßig salzig. Außerdem ist es erschwinglich. Darüber hinaus sollte in qualitativ hochwertige Meersalzflocken investiert werden, die im Handel auch als Fleur de Sel bekannt sind, etwa Maldon Sea Salt. Sie bringen sowohl herzhafte als auch süße Gerichte zum Glänzen!

Pfeffer. Hier lautet die Devise: Nur frisch aus der Mühle! Das bedeutet natürlich auch, dass ausschließlich ganze Pfefferkörner gekauft werden, kein bereits gemahlener Pfeffer. Die ätherischen Öle in frisch gemahlenem Pfeffer sorgen für einen extrafeurigen Geschmack, außerdem kann beim Selbermahlen der Mahlgrad von grob bis fein selbst gewählt werden.

Getrocknete Kräuter und Gewürze. Getrocknete Kräuter schmecken viel intensiver als frische; ersetzt man Letztere also durch Erstere, sollte die Menge um rund ein Drittel reduziert werden. Getrocknete Kräuter performen am besten, wenn ihr Geschmack durch Hitze und Fett aktiviert wird. Stehen deine schon seit dem Erscheinen des letzten Tasty-Buchs im heimischen Küchenregal, ist es vermutlich an der Zeit, sie zu ersetzen – getrocknete Kräuter verlieren relativ schnell an Aroma.

Frische Zutaten

Fleisch und Wurst, Obst und Gemüse, frische Kräuter und Milchprodukte sollten möglichst erst kurz vor der Verwendung gekauft werden. Aber auch hier lohnt der Großeinkauf, denn was nicht sofort verarbeitet wird, kann gut eingefroren werden. Die Zutaten zum Auftauen dann einfach mindestens 12 Stunden vor der Verwendung vom Tiefkühlfach in den Kühlschrank legen.

Ebenso können **TK-Früchte** hilfreich sein, wenn das frische Obst gerade keine Saison hat.

Der Einkauf von **Gemüse und Kräutern** in kleinen Mengen mag lästig erscheinen, spart aber Geld, weil weniger weggeworfen wird. Bei Erbsen oder Mais schmeckt die TK-Variante meist besser als die frische.

Käse, Milch und Eier sollten ebenfalls frisch eingekauft werden. Geriebenen Käse kann man einfrieren, bei allem anderen sollte das Mindesthaltbarkeitsdatum beachtet werden.

Vorratsschrank – OVER THE TOP

Abgesehen von den Basics solltest du unbedingt noch die folgenden Zutaten griffbereit im Vorratsschrank liegen haben, damit du beim Kochen und Backen so richtig übertreiben kannst.

Streusel. Ob Liebesperlen – winzige Zuckerkügelchen in allen Farben des Regenbogens –, klassische Zuckerstreusel, Glitzerzucker oder essbarer Glitzerpuder: Sie alle gehören in die *Over the Top*-Dekoschublade.

Schokoriegel, Bonbons & Co. Mini-Schokoriegel, Peanut Butter Cups, Fruchtgummis, Lollis, saure Bonbons, Marshmallows und Schokostückchen machen aus jedem Dessert und jedem Getränk einen Partykracher.

Kekse, Cracker, Waffeln. Die Klassiker wie Graham Cracker (Vollkornkekse mit Honig), Vanillewaffeln, Schokoladen-Doppelkekse und Toaster-Gebäck können fein zerbröselt werden und verleihen so jedem Dessert den letzten Crunch. Aber auch als köstlicher Rand am Milchshakeglas oder süße Frühstücksüberraschung machen sie sich gut.

Chips. Fehlt es herzhaften Gerichten ein wenig an Textur und Geschmack, kommen Sour-Cream- and-Onion- oder scharfe Tortillachips mit Käse wie gerufen. Sie peppen alles auf, vom Maiskolben bis zum Omelett.

Butterfly Pea Flower Tea. Der Kräutertee, auch Blauer Tee oder Anchan genannt, ist in Südostasien schon lange beliebt, hierzulande aber erst seit Kurzem zu finden. Wird er aufgegossen, nimmt er eine leuchtend blaue Farbe an, gibt man Zitronensaft dazu, verwandelt sich das Blau in einen wunderschönen hellen Lavendelton. Erhältlich ist er in Teefachgeschäften und online. Achte darauf, die getrockneten Blüten zu kaufen, nicht das Pulver.

Matchapulver. Irgendwie haben wir das Gefühl, dass alles auf Instagram derzeit matchafarben ist. Erhältlich ist der japanische Tee in Fachgeschäften, auch online kann er bestellt werden. Wir verwenden immer Päckchen mit bereits gesüßtem Matchapulver.

Pitayapulver. Die Pitaya, bekannter unter dem Namen Drachenfrucht, ergibt getrocknet und gemahlen ein geradezu neonfarben pink leuchtendes Pulver. Da es als Superfood gilt, ist es mittlerweile in vielen Trendshops und Reformhäusern – und natürlich online – erhältlich. Ganz wunderbar macht es sich z. B. in Smoothies.

Küchenausstattung ULTIMATIV

Die Musts

Fangen wir auch hier mit den Basics an. Wer die optimale Mischung aus Preis und Qualität sucht, sollte sich im gut sortierten Haushaltswarengeschäft umsehen – oder Besprechungen in Fachzeitschriften lesen. Die folgende Ausstattung gehört in absolut jede Küche.

Teelöffel, Esslöffel und Messlöffel. Neben Tee- und Esslöffeln sind auch Messlöffel sehr nützlich, um Mengen nicht nur grob abschätzen zu müssen. Ein Messlöffelset reicht normalerweise von ¼ Teelöffel bis zu 1 Esslöffel; verlängerte, flache Löffel sind sehr praktisch, damit kommt man sogar in Gewürzgläschen hinein.

Messbecher. Mit dem Standardmessbecher kann man bis zu 1 Liter abmessen. Es gibt aber auch größere und kleinere Messbecher; Letztere zeigen auch Zwischengrößen wie beispielsweise 75 Milliliter an – praktisch!

Schneidbrett. Hier gilt als erste Wahl: groß, robust und rutschfest. Getrennte Schneidbretter für Fleisch, Fisch und Gemüse brauchst du nicht, sofern du das Brett nach der Verwendung immer gründlich reinigst. Schneidbretter aus Plastik sind spülmaschinenfest, Schneidbretter aus Holz können auch als Servierplatte beispielsweise für Käse dienen.

Feinmaschiges Sieb. Wenn du dir nur eines anschaffst, dann ein großes, denn damit kannst du z. B. Nudeln abgießen, Bohnen abspülen und Gerichte mit Puderzucker bestäuben.

Kochmesser. Im Grunde ist das Kochmesser das einzige Küchenmesser, das du brauchst. Es muss nicht zwingend teuer sein, für dich jedoch die richtige Größe und das richtige Gewicht haben (schließlich wirst du es ja oft benutzen). Scharf sollte es allerdings schon sein: Ein stumpfes Messer birgt die Gefahr, dass man von ihm abrutscht, weshalb du unbedingt auch in einen Schleifstab investieren solltest.

Schälmesser. Schäl- oder Gemüsemesser sind viel kleiner als Kochmesser und eignen sich ideal zum Schälen und Schnibbeln.

Holzlöffel. Der Holzlöffel zum Umrühren und Zerdrücken verhindert, dass empfindliche Topf- oder Pfannenböden zerkratzen.

Pfannenwender oder Spatel aus Silikon. Dieses Utensil brauchst du zum Rühren, Unterheben, Zusammenschaben und Teilen.

Schneebesen. Hier schaffst du dir am besten einen großen, klassischen an.

Elektrisches Handrührgerät. Der Schneebesen kann zwar alles, was das elektrische Handrührgerät auch kann, beim Steifschlagen von Sahne oder Eiweiß tut man sich mit Letzterem jedoch deutlich leichter. Inzwischen kosten die Geräte auch nicht mehr viel.

Zange. Mit einer Zange kannst du Fleisch wenden, gekochte Spaghetti aus dem Wasser heben und verirrtes Gemüse vom Herd in die Pfanne zurückbefördern. Wir bevorzugen Zangen mit Silikongreifern, da diese weniger rutschig sind sowie Pfannen und Töpfe nicht zerkratzen.

Dosenöffner. Hier tut es das klassische Von-Hand-Modell auf jeden Fall.

Schaumlöffel und Spinnensieb. Das Spinnensieb hat einen langen Griff und ist in der

Regel vielseitiger verwendbar als der gute alte Schaumlöffel. Dennoch ist beides nützlich. Unerlässlich ist das Spinnensieb, wenn man Frittiertes aus heißem Öl oder Ravioli, Babykartoffeln & Co. aus kochendem Wasser heben will.

Schöpfkelle. Die brauchst du nicht nur für Suppen, mit ihr kannst du auch Teig in Portionen teilen, Pfannkuchen machen und Gerichte mit Sauce beträufeln.

Küchenthermometer. Mit dem digitalen Küchenthermometer prüfst du die Temperatur des Fleischs und ob das Öl heiß genug zum Frittieren ist.

Nudelholz. Das Nudelholz eignet sich zum Teigausrollen, Eiszerstoßen und Bröselmachen. Die Holzvariante ist am leichtesten zu handhaben und am vielseitigsten.

Küchenreibe. Sie brauchst du zum Abreiben von Zitrusschale und zum Reiben von Käse, Ingwer, Knoblauch sowie Muskatnuss.

Sparschäler. Mit dem Sparschäler sind Äpfel und Kartoffeln im Nu geschält, auch zum Hobeln von Parmesan- oder Schokoladenspänen eignet er sich hervorragend. Es gibt ihn in Y-Form und mit längsliegendem Messerkopf – wähle aus, womit du besser zurechtkommst.

Rührschüsseln. Hier bietet sich ein stapelbares Set aus großen, mittelgroßen und kleinen Schüsseln an. Edelstahlschüsseln lassen sich gut reinigen, ihnen haften auch Gerüche nicht so an wie Schüsseln aus Plastik. Eine gute Idee sind darüber hinaus kleine Glasschälchen zum Vorbereiten der Zutaten.

Ofenhandschuhe und Untersetzer. Mit Ersteren schützt du deine Hände, mit Letzterem die Arbeitsfläche.

Geschirrtücher. Geschirrtücher (umweltfreundlicher als Küchenpapier) können, müssen aber nicht dekorativ sein – Hauptsache, sie sind zur Hand, wenn es in der Küche etwas aufzuwischen oder abzutrocknen gilt. Auf die Schnelle und kurzzeitig können sie auch mal als Untersetzer für heiße Töpfe dienen.

Frischhaltedosen. Frischhaltedosen sind unverzichtbar, wenn es darum geht, ein Mittagessen mitzunehmen, Reste aufzubewahren und Suppen einzufrieren. Behälter aus Glas oder Silikon sind toll, preiswerter und umweltfreundlicher ist es jedoch, die Behälter vom Lieferservice zu reinigen und wiederzuverwenden. Mikrowellengeeignete Gefäße sollten BPA-frei sein.

Klarsichtfolie, Alufolie, Backpapier und Backmatten aus Silikon. Die brauchst du beim Kochen und Backen immer wieder. Und wer nicht will, dass der Rauchmelder losgeht, erinnert sich bitte daran, dass Backpapier und Wachspapier NICHT ein und dasselbe ist.

Lineal. Ein Lineal aus Metall kann in der Küche gute Dienste leisten, z. B. beim Abmessen von Teig. Dann das Lineal aber bitte *nur* in der Küche verwenden.

Tiefes Backblech. Besonders vielseitig verwendbar ist ein Backblech, das ungefähr 45 x 33 Zentimeter groß und 2½ Zentimeter tief ist. Robuste Bleche behalten ihre Form und leiten die Hitze besser, sodass das Gebäck gleichmäßig bräunt.

Große, kleine und mittelgroße Töpfe mit Deckel. Töpfe in allen Größen brauchst du für alles Mögliche, vom Reiskochen bis zum Aufwärmen von Resten. Mach dich ein wenig schlau, bevor du in ein qualitativ gutes Topfset investierst; Töpfe mit einem schweren Boden leiten die Hitze meist besser, sodass die Zutaten gleichmäßig gegart werden.

Beschichtete Pfanne. Sie eignet sich ideal für Rühreier, Pfannkuchen und alles, was nicht scharf angebraten wird. Nimm nicht die billigste, deren Beschichtung nach kurzer Zeit bereits zerkratzt ist.

Gusseiserne Pfanne. Die gusseiserne Pfanne braucht man zum scharfen Anbraten von Fleisch und Gemüse, zudem kann sie vom Herd in den Ofen gestellt werden. Sie sollte einen Durchmesser von 30 Zentimetern haben und gut gepflegt werden.

Das richtige Säubern der Pfanne ist sehr wichtig. Zunächst wird die Oberfläche mit warmem Wasser und einer Pfannenbürste gereinigt, eventuelle Anhaftungen werden mit etwas Meersalz und ein paar Tropfen neutralem Öl beseitigt. Seife sollte nur im Notfall zum Einsatz kommen, Schleifschwämme sind tabu. Nach dem Säubern wird die Pfanne bei hoher Temperatur erhitzt, damit sie gut durchtrocknet, und schließlich noch mit Pflanzenöl auf etwas Küchenpapier eingefettet. Vor dem Wegräumen sollte sie vollständig abkühlen.

Grillpfanne. Gegenüber der gusseisernen Pfanne bietet die Grillpfanne den Vorteil, dass das Fleisch beim Braten Grillstreifen bekommt – fast wie bei der Zubereitung auf dem Grill.

Schmortopf. Im Schmortopf können Suppen zubereitet, Nudeln gegart und Dinge frittiert werden. Ein Fassungsvermögen von 5 bis 6 Litern ist genau richtig.

Mixer und Küchenmaschine. Inzwischen gibt es von vielen Herstellern auch Mixer mit der Zusatzausstattung einer Küchenmaschine. Wer also Zeit (und Geld!) sparen will, kauft sich ein solches Multifunktionsgerät.

Rechteckige Backform (23 x 33 cm). In der rechteckigen Backform werden Brötchen, Riegel und andere Köstlichkeiten gebacken.

Quadratische Backform (20 x 20 cm). In der quadratischen Backform werden Brownies und andere Desserts zubereitet, aber auch Brot kann in ihr gebacken werden.

Kastenform (23 x 13 cm). Die Kastenform eignet sich für das Backen von Kuchen und Brot sowie für die Zubereitung von Terrinen.

Nice to have

Die folgenden Utensilien sind nicht unbedingt nötig, machen das Kochen und Backen aber definitiv einfacher – und lustiger.

Spritzbeutel. Man kann Spritzbeutel zwar auch selbst basteln (siehe S. 35), einfacher geht das Dekorieren jedoch mit einem gekauften. Meist wird er zusammen mit verschiedenen Tüllen angeboten.

Eiswürfelbehälter. Eiswürfel kommen heute längst nicht mehr nur als Würfel daher (siehe S. 143). Mit einem Einhorn-Eiswürfel oder einem in Kugelform wird sogar ein Glas Mineralwasser zum Hingucker.

Keks- und Plätzchenausstecher. Es gibt große runde Ausstecher für Kekse und kleinere in verschiedenen Formen – in *vielen* verschiedenen Formen – für Plätzchen. Letztere kann man jedoch auch für Früchte wie Ananas oder Wassermelone verwenden.

Kerzen. Mit einer Wunder- oder anderen Kerze wird jedes Gericht zum Ereignis. Aber aufgepasst: Bitte nicht direkt unter dem Rauchmelder anzünden …

Spießchen. Cocktailschirmchen, dekorative Zahnstocher, Spießchen in Flamingo-, Ananas-, Palmenform – hier sind der Fantasie wahrlich keine Grenzen gesetzt.

Strohhalme. Hier gibt es ebenfalls die verrücktesten Varianten – nur aus Plastik werden sie in der EU nicht mehr hergestellt, und das ist auch gut so.

Leuchtdeko. Mit LED-Eiswürfeln, Löffeln, die die Farbe wechseln, und einer Vielzahl an Leuchtstäbchen kommst du erst richtig in *Over the Top*-Stimmung.

Essbares Speiseglanzspray. Sieht toll aus, passt geschmacklich aber nicht zu jedem Essen. Wir besprühen lieber Gläser und Teller damit.

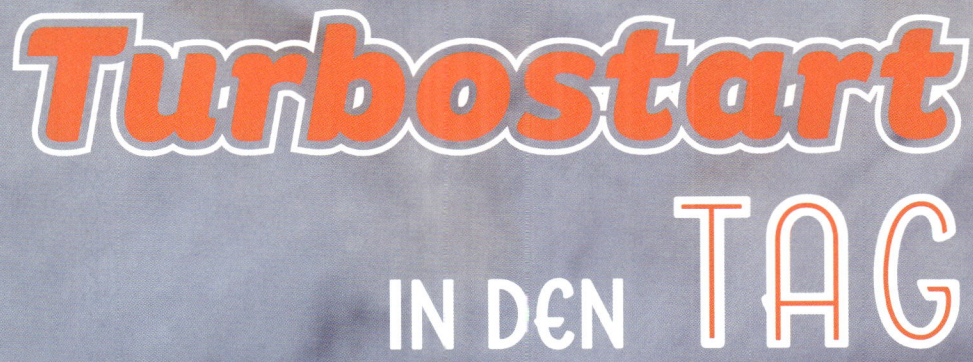

Turbostart
IN DEN TAG

Rainbow BABKA

Regenbogen, Cerealien, Zuckersand und Zuckerguss – noch mehr *over the top* könnte dieses Babka nur sein, würde es von einem echten Einhorn serviert (wobei sich die Frage stellt, was genau ein *echtes* Einhorn ist ...). Durch Matcha- und Pitayapulver *(siehe S. 11)* wird der Teig knallig bunt, weitere Farbe und obendrein noch Crunch steuert das fruchtige Cereal bei. Nicht zu vergessen das Blau und Violett des Butterfly Pea Flower Tea und die glitzernden Zuckerstreusel. Ein Frühstück voller Magie!

1 Für das Babka: In einer kleinen Pfanne 4 Esslöffel Butter bei niedriger Temperatur zerlassen, anschließend die Pfanne vom Herd nehmen. Milch und Zucker mit der zerlassenen Butter verrühren. Die Mischung mit der Trockenhefe bestreuen und etwa 10 Minuten ruhen lassen, bis die Hefe zu duften beginnt.

2 Zwei mittelgroße Schüsseln auf der Arbeitsfläche bereitstellen. In jede Schüssel 1 Ei, ½ Teelöffel Salz sowie die Hälfte des Mehls geben. In der einen Schüssel das Matcha- und in der anderen Schüssel das Pitayapulver dazugeben. Die Hefemischung gleichmäßig auf die beiden Schüsseln verteilen. Die Matchamischung zunächst mit einem Holzlöffel verrühren und anschließend mit sauberen Händen zu einem homogenen Teig kneten. Dabei bei Bedarf noch 1 bis 2 Esslöffel Mehl hinzufügen; der Teig sollte zum Schluss leicht klebrig sein. Den Vorgang mit der Pitayamischung wiederholen. Die Schüsseln jeweils mit Klarsichtfolie bedecken und den Teig 30 Minuten ruhen lassen.

3 Den Backofen auf 175 °C vorheizen und einen Ofenrost in der Mitte in den Backofen schieben. Eine Kastenform (ca. 23 x 13 cm) mit Antihaft-Kochspray einsprühen. Ein Stück Backpapier (30 x 25 cm) so in die Kastenform legen, dass es an den beiden Längsseiten jeweils übersteht. Das Backpapier ebenfalls mit Antihaft-Kochspray besprühen.

Fortsetzung ➜

1 LAIB

Für das Babka
6 EL Butter

120 ml Milch

55 g Zucker

7 g Trockenhefe (2¼ TL)

2 Eier (Größe L)

1 TL Meer- oder Steinsalz

330 g Mehl + etwas mehr für die Arbeitsfläche

2 EL gesüßtes Matchapulver (siehe S. 11)

1 EL Pitayapulver (siehe S. 11)

Antihaft-Kochspray

30 g Fruity-Crisp-Rice-Cereal

Für den Zuckerguss
2 EL Milch

1 EL Butterfly Pea Flower Tea (siehe S. 11)

110 g Puderzucker

½ TL Zitronensaft, frisch gepresst

bunter Schleifzucker zum Garnieren

4 Den Matchateig auf der leicht bemehlten Arbeitsfläche zu einem etwa ½ Zentimeter dicken Rechteck (ca. 15 x 30 cm) ausrollen. Den Vorgang mit dem Pitayateig wiederholen. Die beiden Rechtecke leicht überlappend aneinanderlegen und den Teig in der Mitte etwas festdrücken, sodass ein 30 Zentimeter großes Teigquadrat entsteht.

5 Die restliche Butter in eine kleine, mikrowellengeeignete Schüssel geben und in etwa 30 Sekunden auf hoher Stufe in der Mikrowelle zerlassen. Das Teigquadrat mit der Butter bestreichen und gleichmäßig mit dem Fruity-Crisp-Rice-Cereal bestreuen. Das Cereal anschließend etwas andrücken.

6 Das Teigquadrat vom Matcharand aus fest zu einem Zylinder aufrollen. Den Zylinder mit einem Messer längs halbieren, sodass die Schichten innen sichtbar werden. Die beiden Teighälften mit den Schnittflächen nach außen zopfartig umeinanderwickeln. Den Teig oben und unten leicht andrücken und den Zopf anschließend vorsichtig in die vorbereitete Backform legen.

7 Das Babka rund 45 Minuten im Ofen backen, bis es goldbraun ist und an einem in der Mitte hineingesteckten Holzstab kein Teig mehr hängen bleibt. Aus dem Ofen nehmen und etwa 1 Stunde in der Form abkühlen lassen.

8 **In der Zwischenzeit für den Zuckerguss:** Die Milch in eine kleine, mikrowellengeeignete Schüssel geben und rund 15 Sekunden in der Mikrowelle erhitzen. Den Tee unterrühren und die Mischung etwa 1 Stunde ziehen lassen.

9 Zwei kleine Schüsseln auf der Arbeitsfläche bereitstellen. Den Tee abseihen, anschließend je 1 Esslöffel der aromatisierten Milch in die Schüsseln geben. Jeweils die Hälfte des Puderzuckers dazugeben und alles gründlich verrühren. Den Zitronensaft in eine der Schüsseln gießen und unter die Puderzuckermischung rühren – der Zuckerguss wird sich nun violett verfärben. (In die andere Schüssel keinen Zitronensaft geben und auch den Schneebesen in dieser Schüssel nicht verwenden – dieser Zuckerguss soll blau bleiben.)

10 Das Babka mithilfe des überstehenden Backpapiers aus der Form heben und auf eine Servierplatte legen. Das Backpapier entfernen. Den blauen Zuckerguss mit einem Löffel auf dem Babka verteilen, den violetten Zuckerguss darüberträufeln. Mit dem bunten Schleifzucker garnieren und sofort servieren.

AVOCADO *Benedict*

Für das Benedict

2 EL heller brauner Zucker

2 EL Ananassaft

1 TL Dijonsenf

4 Scheiben möglichst
magerer Bacon

2 große Avocados

Meer- oder Steinsalz

4 Eier (Größe L)

2 English Muffins, quer halbiert

2 EL Butter,
in 4 Stücke geschnitten

Für die Hollandaise

115 g Butter

3 Eigelbe von Eiern Größe L

1 EL Zitronensaft,
frisch gepresst

½ TL Meer- oder Steinsalz

frische Schnittlauchröllchen
und Cayennepfeffer zum
Garnieren

Wie kann man einen an sich schon kaum zu toppenden Klassiker *noch besser* machen? Indem man eine Avocado hinzufügt! Und das geht so: Man nehme ein international berühmtes Must-have-Brunchgericht und setze auf das Ei noch einen drauf, indem man es *in* einer Avocadohälfte zu Eigelb-noch-flüssig-Eiweiß-aber-schon-fest-Perfektion gart. Gemeinsam mit dem Ei werden noch ein mit Butter bestrichener English Muffin sowie in Ananas und Zucker marinierter Bacon in den Ofen geschoben, und während die Butter schmilzt, dringt sie bis in die kleinste Ritze des English Muffin vor. Brillant, oder? In der Zwischenzeit bereitet der Mixer praktisch selbst eine leichte Hollandaise zu. Ein Frühstück, so simpel wie imposant und einfach mal was anderes.

1 **Für das Benedict:** Den Backofen auf 200 °C vorheizen und einen Ofenrost in der Mitte in den Backofen schieben. Eine Backmatte aus Silikon auf ein tiefes Backblech legen oder das Backblech mit Backpapier belegen.

2 In einer kleinen Schüssel braunen Zucker, Ananassaft und Senf verrühren. Die Baconscheiben hineinlegen und beiseitegestellt in der Mischung marinieren.

3 Die Avocados halbieren und entsteinen. Vorsichtig die Schale von den Avocadohälften abziehen und Letztere kräftig salzen. Mit der Schnittfläche nach oben auf das vorbereitete Backblech legen und in der Mitte jeweils 1 aufgeschlagenes (nicht verquirltes!) Ei hineingeben. Die Eier ebenfalls salzen.

4 Die Avocadohälften etwa 6 Minuten im Ofen backen, bis das Eiweiß fest zu werden beginnt. Das Blech aus dem Ofen nehmen und die English-Muffin-Hälften mit der Schnittfläche nach oben darauflegen. Mit jeweils 1 Stück Butter belegen. Den Bacon aus der Marinade nehmen und ebenfalls auf das Blech legen. Anschließend das Blech wieder in den Ofen schieben und alles weitere 7 Minuten backen, bis das Eiweiß fest ist, die Muffins geröstet sind und der Bacon knusprig-braun ist.

5 **In der Zwischenzeit für die Hollandaise:** In einer kleinen Pfanne die Butter bei niedriger Temperatur zerlassen. Anschließend Eigelbe, Zitronensaft und Salz in den Mixer geben. Auf niedriger Stufe in etwa 15 Sekunden glatt mixen. Den Mixer auf niedriger Stufe weiterlaufen lassen und die zerlassene Butter in einem dünnen Strahl langsam zur Eigelbmischung gießen. Rund 30 Sekunden weitermixen, bis die Butter in die Mischung eingearbeitet und eine dicke Sauce entstanden ist.

6 Die English-Muffin-Hälften auf vier Teller verteilen und jeweils 1 Scheibe Bacon darauf anrichten. Dann die Avocadohälften darauf stürzen, sodass das Ei auf dem Bacon liegt. Die Avocados mit Sauce hollandaise beträufeln und mit Schnittlauchröllchen sowie Cayennepfeffer bestreuen. Sofort servieren.

Omelett

MIT KARTOFFELCHIPS

Eine ganze Tüte Chips in einem Omelett?!! »Verrückt«, sagst du viel-leicht. Und obendrauf noch ein Kartoffelchipssalat?? »Ihr macht mich fertig!«, wirst du stöhnen. Ein Happs, und weg? »Na ja, die Chips ...«, gibst du widerstrebend zu. Denn irgendwie, sei nun Chemie oder Hexerei im Spiel, blähen sich die Chips *im* Omelett zu perfekten Kartoffelhappen auf, während die Chips *auf dem* Omelett für einen köstlich pikanten Crunch sorgen. Nie war Junkfood so elegant!

4 PORTIONEN

2 dicke Scheiben Bacon

12 Eier (Größe L)

1 TL Meer- oder Steinsalz

1 Tüte Sour-Cream-and-Onion-Kartoffelchips (350 g)

1 EL frische Petersilie, fein gehackt

1 EL frische Schnittlauch-röllchen

40 g Rucola

2 EL Weißweinessig

1 EL Olivenöl

1 Den Backofen auf 200 °C vorheizen und einen Ofenrost in der Mitte in den Backofen schieben.

2 Den Bacon in einer großen gusseisernen Pfanne bei mittlerer Temperatur auf jeder Seite etwa 5 Minuten braten, bis das Fett ausgelassen und der Bacon knusprig ist.

3 In der Zwischenzeit Eier und Salz in einer großen Schüssel verrühren. 70 Gramm Kartoffelchips abmessen und in einer mittel-großen Schüssel beiseitestellen. Die restlichen Chips zu den Eiern in der großen Schüssel geben. Die Chips mit einem Spatel zerklei-nern und unter die Eier rühren.

4 Den Bacon auf Küchenpapier abtropfen lassen. Die Eier-Chips-Mischung zum Baconfett in die Pfanne gießen; dabei die Chips mit einem Silikonspatel ganz in die Eimischung drücken. Bei mittlerer Temperatur etwa 4 Minuten garen, bis Boden und Ränder des Omeletts zu stocken beginnen. Die Pfanne in den Ofen stellen und das Omelett darin weitere 10 Minuten backen, bis es zu bräunen beginnt und fest ist.

5 In der Zwischenzeit die Chips in der mittelgroßen Schüssel in kleine Stücke zerbröseln. Petersilie sowie Schnittlauchröllchen dazugeben und alles gründlich vermengen. In einer zweiten mittel-großen Schüssel Rucola, Essig und Öl vermengen. Den Bacon längs halbieren und anschließend in kleine Stücke hacken.

6 Das Omelett aus dem Ofen nehmen und auf eine Servierplatte gleiten lassen. Den Rucolasalat darauf anrichten und diesen an-schließend mit der Chipsmischung bestreuen. Die Baconstückchen darübergeben. Zum Schluss das Omelett in Stücke schneiden und sofort servieren.

FRÜHSTÜCKS-
Nachos

8 PORTIONEN

60 ml Rotweinessig

1 TL Zucker

1 TL + ½ TL Meer- oder Steinsalz

½ rote Zwiebel, abgezogen und
in dünne Scheiben geschnitten

1 Packung Blätterteigbrötchen
zum Aufbacken (450 g)

1 EL Olivenöl

2 frische Chorizos,
aus der Pelle gelöst

8 Eier (Größe L)

¼ TL schwarzer Pfeffer,
frisch gemahlen

12 Scheiben Scheiblettenkäse

120 ml Milch

1 Glas grüne Peperoni (115 g)

1 Dose schwarze Bohnen
(440 g), abgegossen und
abgespült

1 Avocado, halbiert, entsteint,
geschält und in dünne
Scheiben geschnitten

8 g frische Korianderblätter

Was hat man sich hierunter vorzustellen? Wir geben dir einen Tipp: Denk mal an Brötchen und Sauce. Nur dass die Brötchen nicht einfach Brötchen sind, sondern sündhafte, buttrige, luxuriöse Köstlichkeiten – ein kleines bisschen schlechtes Gewissen inklusive –, die halbiert und innen etwas geröstet werden. Und die Sauce ist eine scharfe Käsesauce mit Chorizo. Wenn dazu noch Rühreier, schwarze Bohnen und Avocado kommen, stehen plötzlich Frühstücks-Nachos auf dem Tisch, eine Kombi mit Kultstatus!

1 In einer mittelgroßen Schüssel Essig, Zucker und 1 Teelöffel Salz mit 60 Milliliter warmem Wasser verrühren. Die Zwiebelscheiben dazugeben und alles gründlich vermengen. Beiseitestellen.

2 Die Blätterteigbrötchen aus der Verpackung nehmen, voneinander trennen und auf ein tiefes Backblech legen. Nach Packungsanweisung im Ofen aufbacken.

3 In der Zwischenzeit das Olivenöl in einer großen beschichteten Pfanne bei mittlerer Temperatur erhitzen. Die Chorizos hineingeben und unter Rühren etwa 5 Minuten braten, dabei mit einem Holzlöffel etwas zerkleinern. Währenddessen die Eier in einer mittelgroßen Schüssel aufschlagen, das restliche Salz sowie den Pfeffer hinzufügen und alles gründlich verrühren.

4 Die Chorizos in eine kleine Schüssel umfüllen, dabei das Öl in der Pfanne lassen. Die Eier in die Pfanne geben und bei mittlerer Temperatur unter ständigem Rühren rund 5 Minuten braten, bis sie zu stocken beginnen. Die Pfanne vom Herd nehmen und die Eier ohne weitere Hitzezufuhr zu Ende stocken lassen.

5 Käse, Milch und Peperoni in einen kleinen Topf geben. Unter gelegentlichem Rühren bei niedriger Temperatur etwa 5 Minuten erhitzen, bis der Käse vollständig geschmolzen ist. Die Chorizos unterrühren.

6 Die Brötchen aus dem Ofen nehmen und leicht abkühlen lassen (dabei den Ofen nicht ausschalten). Die Brötchen quer halbieren und mit der Schnittfläche nach oben wieder auf das Backblech legen. Weitere 5 Minuten im Ofen rösten.

7 Zunächst die schwarzen Bohnen, dann die Eier auf die Brötchenhälften geben. Mit der Chorizo-Käse-Sauce beträufeln und abschließend mit den Avocadoscheiben belegen. Die eingelegten Zwiebelscheiben abgießen. Die Brötchen mit Zwiebelscheiben sowie Koriander garnieren und sofort servieren.

ELVIS-Waffeln

4 PORTIONEN

2 dicke Scheiben Bacon, quer halbiert

4 Bananen, geschält

180 g cremige Erdnussbutter

115 g Zucker

2 Eier (Größe L)

2 TL Natron

1 TL Meer- oder Steinsalz

1 TL Vanilleextrakt

360 ml Milch

220 g Mehl

85 g Honig

Elvis Presleys Lieblingssandwich war eins mit Erdnussbutter, Banane und Bacon, das in Baconfett gebraten wurde (yes, King!). Da noch einen draufzusetzen ist schwer, aber wie wär's damit: Banane und Erdnussbutter kommen in einen Waffelteig, und die Waffeln werden in Baconfett ausgebacken, mit knusprigen Baconstückchen bestreut, mit Bananenscheiben belegt und mit einer Erdnussbutter-Honig-Mischung beträufelt. Ein Frühstück für Könige und selbstverständlich auch für Königinnen.

1 Den Backofen auf 150 °C vorheizen und einen Ofenrost in der Mitte in den Backofen schieben. Das Waffeleisen auf mittlerer Stufe erhitzen.

2 Den Bacon in eine kleine Pfanne legen und bei mittlerer Temperatur auf jeder Seite etwa 5 Minuten braten, bis das Fett ausgelassen und der Bacon knusprig ist. Zum Abtropfen auf Küchenpapier geben, dabei das Fett in der Pfanne lassen. Diese vom Herd nehmen und beiseitestellen.

3 Mit einer Gabel 2 Bananen in einer großen Schüssel zerdrücken. 120 Gramm Erdnussbutter, Zucker, Eier, Natron, Salz und Vanilleextrakt hinzufügen und alles zu einer glatten Mischung verrühren. Milch sowie Mehl dazugeben und ebenfalls unterrühren.

4 Das Waffeleisen mit dem beiseitegestellten Baconfett bepinseln. Den Teig mit einer Schöpfkelle portionsweise ins heiße Waffeleisen geben, dabei darauf achten, dass nicht zu viel Teig auf einmal ausgebacken wird. Die fertigen Waffeln auf ein tiefes Backblech legen und im Ofen warm halten.

5 In der Zwischenzeit die Toppings vorbereiten. Die restliche Erdnussbutter in eine kleine, mikrowellengeeignete Schüssel geben und auf hoher Stufe 15 bis 30 Sekunden in der Mikrowelle erhitzen. Den Honig unterrühren. Die restlichen Bananen in Scheiben schneiden, den Bacon in kleine Stücke hacken.

6 Die Waffeln auf einem großen Teller oder einer Servierplatte stapeln und mit den Bananenscheiben belegen. Die Baconstückchen darüberstreuen und alles mit der Erdnussbutter-Honig-Mischung beträufeln. Sofort servieren.

PUMPKIN-PIE-SPICE-
Schnecken

Für den Teig
4 EL Butter

240 ml Milch

1 EL Zucker

7 g Trockenhefe (2¼ TL)

1 Ei (Größe L)

1½ TL Meer- oder Steinsalz

1 TL Backpulver

400 g Mehl + etwas mehr
für die Arbeitsfläche

Antihaft-Kochspray

Für die Füllung
115 g Butter

200 g heller brauner Zucker

60 g Kürbiskuchengewürz

Für die Glasur
3 EL Milch

1 TL Kaffeepulver für
löslichen Kaffee

220 g Puderzucker

In jedem Herbst (eigentlich schon im Spätsommer) scheint Kürbis-kuchengewürz – *Pumpkin-Pie-Spice* – plötzlich überall zu sein: im Kaffee, in Cerealien, im Bier, sogar im Büchsenfleisch. Warum also dagegen ankämpfen? Die Mischung herbstlicher, wärmender Gewürze macht aus den altbekannten Zimtschnecken eine extragemütliche Frühstücksleckerei. Und die Latte-Glasur aus Milch und Kaffee durch-tränkt das Ganze bis ins Innerste hinein. Also: nicht mehr kämpfen, sondern reinbeißen und genießen!

1 **Für den Teig:** Die Butter bei niedriger Temperatur in einer kleinen Pfanne zerlassen. Die Pfanne vom Herd nehmen und die Milch hineingeben. Beiseitestellen und die Milch leicht warm werden lassen.

2 In einer großen Schüssel Zucker, Trockenhefe, Ei, Salz und Backpulver verrühren. Das Mehl sowie die Milchmischung hinzufü-gen und alles mit einem Holzlöffel zu einem glatten Teig verarbei-ten. Zugedeckt an einem warmen Ort 1 Stunde gehen lassen, bis der Teig sein Volumen verdoppelt hat und ein in den Teig gedrück-ter Finger eine Delle hinterlässt. Anschließend den Teig von Hand einmal gründlich durchkneten und zugedeckt 30 Minuten im Kühl-schrank ruhen lassen.

3 **Für die Füllung:** Die Butter in einer mittelgroßen, mikrowellen-geeigneten Schüssel in der Mikrowelle auf hoher Stufe in etwa 45 Sekunden zerlassen. Braunen Zucker und Kürbiskuchengewürz unterrühren.

4 Eine Backform (23 x 33 cm) mit Antihaft-Kochspray einfetten. Den Teig auf die leicht bemehlte Arbeitsfläche geben und zu einem etwa ½ Zentimeter dicken Rechteck (45 x 30 cm) ausrollen. Die Füllung mit einem Spatel aus Silikon auf dem Teig verteilen, dabei einen etwa 1 Zentimeter breiten Rand frei lassen.

5 Den Teig von der am nächsten liegenden langen Seite aus locker aufrollen und zum Schluss etwas andrücken, um die Rolle zu versiegeln. Die Rolle anschließend quer in 9 gleich große Stücke schneiden und diese mit einer Schnittfläche nach oben in die vorbereitete Backform legen. Dabei möglichst viel Platz zwischen den Schnecken lassen. Die Backform mit Klarsichtfolie bedecken und die Schnecken an einem warmen Ort nochmals 1 Stunde gehen lassen, bis sie ihr Volumen wiederum verdoppelt haben.

6 In der Zwischenzeit den Backofen auf 175 °C vorheizen und einen Ofenrost in der Mitte in den Backofen schieben.

7 Die Schnecken 30 bis 35 Minuten im Ofen backen, bis sie goldbraun sind. Anschließend aus dem Ofen nehmen und 10 Minuten in der Form abkühlen lassen.

8 **In der Zwischenzeit für die Glasur:** Die Milch in einer mittelgroßen, mikrowellengeeigneten Schüssel in der Mikrowelle auf hoher Stufe in 15 Sekunden dampfend erhitzen. Den löslichen Kaffee darin auflösen. (Alternativ statt Milch und löslichem Kaffee 3 Esslöffel starken Filterkaffee oder Espresso verwenden.) Die Mischung mit dem Puderzucker zu einer glatten Glasur verrühren.

9 Die Glasur mit einem Löffel auf den noch warmen Schnecken verteilen und die Pumpkin-Pie-Spice-Schnecken sofort servieren.

Dulce de leche-
FRENCH TOAST

2 PORTIONEN

1 Laib Brioche (ca. 450 g)

6 EL Dulce de leche

1 EL Butter

3 Eier (Größe L)

360 ml Milch

3 EL heller brauner Zucker

½ TL Meer- oder Steinsalz

Puderzucker, Schlagsahne,
Zuckerstreusel und weiche
Toffeebonbons zum Servieren

Dieses Frühstück ist Luxus pur. Hier wird eine Brioche – ein Hefebrot mit jeder Menge Eiern und Butter, der Inbegriff von französischer Frühstückseleganz – in dicke Scheiben geschnitten und dann mit Dulce de leche (was sich grob mit »Karamell, aber viel leckerer« übersetzen lässt) gefüllt. Zum Schluss wird das Ganze in Butter gebraten und mit Puderzucker, Schlagsahne und anderen Toppings serviert. Köstlich ...

1 Die Brioche quer halbieren und anschließend jede Hälfte noch einmal halbieren, sodass 4 dicke, gleich große Stücke entstehen. In jedes Stück unten einen 5 Zentimeter langen Schlitz – eine tiefe Tasche für die Füllung – schneiden.

2 Die Briochestücke etwas zusammendrücken, sodass sich die Tasche öffnet, und jeweils 1½ Esslöffel Dulce de leche hineingeben.

3 Die Butter bei mittlerer Temperatur in einer mittelgroßen Pfanne zerlassen, bis sie Blasen zu werfen beginnt.

4 In der Zwischenzeit in einer großen, flachen Schüssel Eier, Milch, braunen Zucker und Salz verrühren. 2 gefüllte Briochestücke in die Mischung legen und für rund 30 Sekunden auf jeder Seite darin einweichen. Anschließend in der Pfanne in etwa 2 Minuten auf jeder Seite goldbraun und knusprig braten. Auf einen Teller legen und mit den restlichen beiden Brotstücken ebenso verfahren.

5 Die fertigen French Toasts mit Puderzucker bestäuben, etwas Schlagsahne daraufgeben, mit Zuckerstreuseln bestreuen und mit Toffeebonbons garnieren. Sofort servieren.

Baked Oatmeal
MIT BEEREN

Wer sich beim Frühstück nicht zwischen gesund und ausschweifend entscheiden kann, wählt am besten dieses. Es besteht zunächst aus nährstoffreichen und satt machenden Haferflocken und Beeren voller Vitamine. Aber dann: Party Time! Gebacken wird das Ganze nämlich mit einer Schicht aus zerkrümelten Toaster Pastries. Das Beste an *Over the Top* ist eindeutig, dass es auch dem trübster Tag ein wenig Glanz verleiht.

1 Den Backofen auf 175 °C vorheizen und einen Ofenrost in der Mitte in den Backofen schieben. Eine quadratische Backform (20 x 20 cm) leicht mit Antihaft-Kochspray einsprühen.

2 Die Eier in einer großen Schüssel leicht verquirlen. Haferflocken, Milch, braunen Zucker, Zimt, Backpulver sowie Salz hinzufügen und alles gründlich verrühren. Mit einem Spatel die gefrorenen Beeren unterheben und die Mischung anschließend in die vorbereitete Backform füllen.

3 Etwa 45 Minuten im Ofen backen, bis die Haferflocken aufgegangen sind. Die Backform aus dem Ofen nehmen und das Baked Oatmeal mit den zerkrümelten Toaster Pastries bestreuen. Anschließend weitere 15 Minuten im Ofen backen, bis das Topping etwas geröstet ist. Das Baked Oatmeal in der Form in rund 1 Stunde vollständig abkühlen lassen. In 9 Stücke schneiden und mit Ahornsirup oder Fruchtsirup beträufelt servieren.

9 PORTIONEN

Antihaft-Kochspray

2 Eier (Größe L)

180 g kernige Haferflocken

240 ml Milch

200 g heller brauner Zucker

1 TL Zimtpulver

1 TL Backpulver

1 TL Meer- oder Steinsalz

300 g TK-Beerenmischung

4 Frosted Strawberry Toaster Pastries, zerkrümelt oder anderes Gebäck nach Wahl

Ahornsirup oder Fruchtsirup zum Beträufeln

Donuts
MIT ERDNUSSBUTTER & MARMELADE

Wenn du ein Freund bzw. eine Freundin der Kombi Erdnussbutter und Marmelade bist, dann mach dich bereit für den besten Tag deines Lebens. Diese supereinfachen Donuts (das Öffnen einer Packung Hefegebäck zum Aufbacken ist schon die halbe Miete) werden frittiert, mit Marmelade gefüllt und zum Schluss mit einer Erdnussbutterglasur überzogen. Die Zutaten in diesem Rezept ergeben 8 Donuts – die Portionsgröße ist dir überlassen.

1 Für die Donuts: Das Öl in einem Schmortopf bei mittlerer bis hoher Temperatur erhitzen, bis das Küchenthermometer 175 °C anzeigt.

2 In der Zwischenzeit das Gebäck aus der Verpackung nehmen und leicht zu etwa 1 Zentimeter dicken Scheiben mit einem Durchmesser von 8 Zentimetern pressen. Die Scheiben portionsweise rund 2 Minuten auf jeder Seite im heißen Öl frittieren, bis sie goldbraun sind. Das Öl zwischendurch immer wieder auf 175 °C erhitzen. Die Donuts anschließend auf einem Ofenrost etwas abkühlen lassen.

3 Die Marmelade in einen Spritzbeutel mit kleiner runder Tülle geben (*siehe auch* Tipp). Mit einem Schälmesser seitlich in jeden Donut ein kleines Loch schneiden und etwa 2 Esslöffel Marmelade in jeden Donut füllen.

4 Für die Glasur: In einer mittelgroßen Schüssel Milch, Erdnussbutter und Puderzucker zu einer geschmeidigen, aber dickflüssigen Glasur verrühren. Bei Bedarf noch 1 Esslöffel Milch hinzufügen, sollte die Glasur zu dickflüssig sein.

5 Die Donuts nacheinander mit der oberen Hälfte in die Glasur tauchen, mit gehackten Erdnüssen und bunten Zuckerstreuseln garnieren und sofort servieren.

Für die Donuts

960 ml Pflanzenöl

1 Packung Hefegebäck zum Aufbacken (450 g)

300 g Marmelade nach Wahl

Für die Glasur

60 ml Milch

125 g cremige Erdnussbutter

60 g Puderzucker

gehackte Erdnüsse und bunte Zuckerstreusel zum Garnieren

TIPP

Einen Spritzbeutel bastelst du dir ganz einfach selbst: Dafür musst du von einem Zipbeutel unten nur eine kleine Ecke abschneiden. Soll mit diesem Spritzbeutel aber etwas gefüllt werden – beispielsweise Donuts –, muss das Ganze ein wenig stabiler sein. Dafür brauchst du einen 4-Liter-Zipbeutel, Klebeband und eine Schere. Falte den Beutel zu einem spitzen Dreieck und fixiere dieses mit dem Klebeband. Gib den Beutel mit der Spitze nach unten in ein hohes Trinkglas und schlage ihn oben über den Rand des Glases. So kannst du ihn leicht befüllen. Drücke dann überschüssige Luft hinaus, verschließe den Beutel oben und schneide die Spitze des Dreiecks unten ab. Und jetzt heißt es: Füllen, was das Zeug hält!

CHEEZ-IT-Quiche

6 PORTIONEN

Für den Boden

Antihaft-Kochspray

400 g Käsecracker,
z. B. Cheez-Its

4 EL Butter, zerlassen

2 Eier (Größe L)

Für die Füllung

4 Eier (Größe L)

180 g Sahne

½ TL Meer- oder Steinsalz

¼ TL schwarzer Pfeffer,
frisch gemahlen

180 g TK-Brokkoli, aufgetaut
und in mundgerechte Stücke
geschnitten

80 g geriebener Cheddar

Ein Quicheboden aus Crackern ist ja nichts Neues (siehe auch Graham Cracker, Salzcracker), aber einer aus Cheez-Its ...? Das ist nicht nur ein Quicheboden, das ist eine echte Offenbarung! Aber wie steht's mit dem Rest? Nun, der in diesem Rezept verwendete Käse ergänzt die für sich genommen schlichte Brokkoli-Cheddar-Quiche, statt sie zu dominieren, und die obendrauf gestreuten zerkrümelten Cracker bilden den herrlich crunchigen, aber nicht harten Abschluss. Klingt vielleicht komisch, schmeckt aber hervorragend.

1 Für den Boden: Den Backofen auf 190 °C vorheizen und einen Ofenrost in der Mitte in den Backofen schieben. Eine Quicheform (ca. 23 cm Ø) mit Antihaft-Kochspray einsprühen.

2 Die Käsecracker in der Küchenmaschine zu feinen Krümeln verarbeiten. In einer großen Schüssel die zerlassene Butter mit den Eiern verrühren. 60 Gramm Crackerkrümel abmessen und beiseitestellen. Die restlichen zerkrümelten Cracker zur Butter-Eier-Mischung geben und gründlich mit dieser vermengen.

3 Die Crackermischung in die vorbereitete Quicheform füllen und am Boden sowie am halben Rand der Form gleichmäßig andrücken. Den Boden anschließend mehrmals mit einer Gabel einstechen und etwa 12 Minuten im Ofen backen, bis der Quicheboden zu duften beginnt.

4 In der Zwischenzeit für die Füllung: In einer mittelgroßen Schüssel Eier, Sahne, Salz und Pfeffer verrühren. Brokkoli und Käse vorsichtig unterrühren.

5 Die Füllung auf dem Quicheboden verteilen und 10 Minuten im Ofen backen. Die Quiche mit den beiseitegestellten Cracker-krümeln bestreuen und weitere 10 Minuten im Ofen backen. Aus dem Ofen nehmen, rund 30 Minuten abkühlen lassen, in Stücke schneiden und servieren.

TRIPLEDECKER–
Frühstückssandwich

Eier-, Käse- oder Avocadotoast? Warum sich entscheiden müssen! Dieses Frühstückssandwich besteht Schicht um Schicht (um Schicht) aus köstlichen Leckereien: Ganz unten eine Bagelhälfte, darauf ein Fleischküchlein *und* Baconstreifen, mit geschmolzenem Käse bedeckt. Etage Nummer zwei besteht aus einem Ei, das in einer weiteren unteren Bagelhälfte gebraten wird, Stockwerk Nummer drei schließlich aus einer oberen Bagelhälfte mit zerdrückter Avocado, die mit Everything Bagel Seasoning gewürzt wird (womit auch sonst?). Wer das nicht zwischen die Kiefer kriegt, benutzt halt Messer und Gabel – bei der Bezwingung dieses Monsters gibt es kein Richtig oder Falsch!

2 SANDWICHES

2 dicke Scheiben Bacon, quer halbiert

2 verzehrfertige Fleischküchlein (bzw. Burger Patties oder Frikadellen)

2 Scheiben Scheiblettenkäse

4 Körner-Bagels

2 Eier (Größe L)

1 mittelgroße Avocado, halbiert und entsteint

Chilisauce und Everything Bagel Seasoning zum Würzen

1 Bacon und Fleischküchlein in eine große Pfanne legen und bei mittlerer Temperatur auf jeder Seite etwa 5 Minuten braten, bis das Küchlein braun und der Bacon knusprig ist. Jeweils 2 Stück Bacon auf ein Fleischküchlein legen und jeweils 1 Scheibe Käse daraufle-gen. Auf einem Teller beiseitestellen, das Fett in der Pfanne lassen.

2 2 Bagels halbieren und mit der Schnittfläche nach unten in die Pfanne legen. Etwas andrücken, damit sie das Fett aufsaugen. Bei mittlerer Temperatur etwa 2 Minuten in der Pfanne rösten, bis sie den gewünschten Bräunungsgrad erreicht haben. Ebenfalls auf einem Teller beiseitestellen. (Sollten nicht alle 4 Bagelhälften gleichzeitig in die Pfanne passen, die Schnittflächen mit dem ausgelassenen Fett bestreichen und die Bagelhälften portionsweise anrösten.)

3 Die restlichen beiden Bagels halbieren und jeweils nur die untere Hälfte mit der Schnittfläche nach unten in die Pfanne legen. Auch diese etwas andrücken, damit sie das Fett aufsaugen (die oberen Hälften können eingefroren und für einen anderen Tag aufbewahrt werden). In jedes Bagelloch 1 Ei aufschlagen und dieses rund 2 Minuten braten, bis das Eiweiß fest zu werden beginnt. Die Bagels wenden und die Eier 2 Minuten weiterbraten, bis das Eiweiß ganz fest ist. Die mit einem Ei gefüllten Bagels zu den Bagelhälften auf dem Teller legen.

4 Mit einem Löffel das Fruchtfleisch aus den Avocadohälften heben und in eine kleine Schüssel geben. Mit einer Gabel zerdrücken und auf der Schnittfläche der gerösteten Bageloberhälften verteilen. Die Fleischküchlein-Bacon-Käse-Stapel auf die gerösteten Bagelunterhälften legen. Darauf jeweils 1 mit einem Ei gefüllte Bagelhälfte legen. Das Ei mit Chilisauce beträufeln, die Avocado mit Everything Bagel Seasoning bestreuen. Das Sandwich mit dem Avocadobagel abschließen. Die Sandwiches mit einem scharfen Messer halbieren und sofort servieren.

Chiapudding-
PARFAIT

4 PARFAITS

165 g Chiasamen

720 ml ungesüßter Mandel-Pflanzendrink

1 EL Vanilleextrakt

3 EL Zucker

20 g Trinkschokoladen-mischung

¼ TL ungesüßter Erdbeerdrink, z. B. Kool-Aid

12 Schokoladen-Doppelkekse

24 kleine Vanillewaffeln

12 frische Erdbeeren, geputzt und in dünne Scheiben geschnitten

Verrührt man Chiasamen mit Milch (von der Pflanze oder der Kuh, das überlassen wir dir), lässt die Mischung über Nacht im Kühlschrank quellen und belegt sie am nächsten Morgen mit frischen Früchten und Knuspermüsli, kann man zum Frühstück einen gesunden und superleckeren Pudding genießen. So weit die Pflicht. Nun folgt die Kür: Für unser von Fürst-Pückler-Eis inspiriertes Parfait verwenden wir eine Trinkschokoladenmischung, Vanille sowie einen Erdbeerdrink, um dem Chiapudding Farbe und Geschmack zu verleihen. Für Abwechslung in der Konsistenz sorgen Schokoladenkekse, Vanillewaffeln und frische Erdbeeren. Wie gesund oder *over the top* dieses Frühstück wird, entscheidest du selbst.

1 Chiasamen und Mandel-Pflanzendrink zu gleichen Teilen auf drei mittelgroße Schüsseln verteilen. Jeweils gründlich verrühren.

2 In die erste Schüssel Vanilleextrakt sowie 2 Esslöffel Zucker geben und nochmals gut verrühren. In die zweite Schüssel die Trinkschokoladenmischung geben. Gut verrühren. In die dritte Schüssel den Erdbeerdrink sowie den restlichen Zucker geben und ebenfalls gut verrühren. Die Schüsseln luftdicht mit Klarsichtfolie bedecken und die drei Chiasamenmischungen über Nacht in den Kühlschrank stellen.

3 Die Schokoladen-Doppelkekse zerkrümeln und auf vier Gläser verteilen. Jeweils ein Viertel der Schokoladen-Chiamischung daraufgeben. Die Vanillewaffeln ebenfalls zerkrümeln und auf der Schokoladen-Chiamischung verteilen. Darauf jeweils ein Viertel der Vanille-Chiamischung geben. Die Erdbeerscheiben fächerförmig darauf anrichten und mit der Erdbeer-Chiamischung abschließen. Sofort servieren. (Alternativ halten sich die Chiapuddings zugedeckt bis zu 1 Woche im Kühlschrank und können bei Bedarf zu individuellen Parfaits zusammengestellt werden.)

SELBST GEMACHTES
Cookie-Cereal

Was könnte süßer sein als eine Schale voller kleiner, selbst gebacke-ner Cookies? Nichts! Ganz nach der großartigen Tradition, das Früh-stück auch mal zum Abendessen zu servieren, präsentieren wir hier ein Dessert als Frühstück. Das Gericht lässt sich perfekt gemeinsam mit Freunden und Freundinnen zubereiten, wie am Fließband landet eine Teigkugel nach der anderen auf dem Backblech. Und entweder haltet ihr euch dabei an die vier Geschmacksrichtungen in diesem Rezept oder ihr sucht euch eine aus und bleibt bei ihr. Köstlich wird es allemal.

6 PORTIONEN

115 g Butter, zerlassen

150 g heller brauner Zucker

55 g weißer Zucker

1 Ei (Größe L)

1 TL Vanilleextrakt

½ TL Natron

½ TL Meer- oder Steinsalz

200 g Mehl

2 EL cremige Erdnussbutter

2 EL Peanut Butter Chips (Erdnussbuttersplitter)

2 EL ungesüßtes Kakaopulver

2 EL weiße Schokostückchen

2 EL Mini-M&M's

2 EL Zartbitter-Schokostück-chen

2 Eiweiß von Eiern Größe L

Milch oder Pflanzendrink nach Wahl zum Servieren

1 Den Backofen auf 175 °C vorheizen und einen Ofenrost in der Mitte in den Backofen schieben. Zwei tiefe Backbleche mit jeweils einer Backmatte aus Silikon oder Backpapier belegen.

2 In einer großen Schüssel die zerlassene Butter mit dem braunen und dem weißen Zucker zu einer dicken Paste verrühren. Ei, Vanilleextrakt, Natron sowie Salz hinzufügen und alles gründlich vermengen. Das Mehl dazugeben und mit einem Holzlöffel zu einem homogenen Teig verarbeiten.

3 Den Teig zu gleichen Teilen auf vier Schüsseln verteilen. In die erste Schüssel die Erdnussbutter sowie die Peanut Butter Chips geben; beides unterrühren. In die zweite Schüssel das Kakaopulver sowie die weißen Schokostückchen geben; ebenfalls unterrühren. Unter die dritte Teigportion die M&M's rühren, unter die vierte die Zartbitter-Schokostückchen.

Das Eiweiß in einer kleinen Schüssel verquirlen. Mit einem ½-Teelöffel-Messlöffel Portionen à etwa 5 Gramm vom Teig ab-nehmen und zu kleinen Kugeln formen. Die Kugeln im Eiweiß wenden und anschließend im Abstand von etwa 2½ Zentimetern auf die vorbereiteten Backbleche legen. Der Teig ergibt pro Ge-schmacksrichtung rund 30 Mini-Cookies. Diese 10 Minuten im Ofen backen; nach der Hälfte der Backzeit die Bleche die Positionen tauschen lassen. Die Mini-Cookies aus dem Ofen nehmen und voll-ständig auf den Blechen abkühlen lassen. Dann in einen luftdicht verschließbaren Behälter füllen. Am Ende sollten sich insgesamt rund 120 Mini-Cookies ergeben.

4 Das Cookie-Cereal hält sich im luftdicht verschlossenen Behälter bei Zimmertemperatur bis zu 1 Woche. Wer so lange nicht warten will, gibt welche in eine große Schale, begießt sie mit Milch – und genießt!

Crazy LUNCH

HOT DIGGITY *Dogs*

Diese Hotdogs reichen von »Echt jetzt?« bis »ECHT JETZT??!«, haben aber alle eins gemeinsam: Sie sind unglaublich lecker. Da jedes Rezept nur 1 Hotdog ergibt, vervielfachst du die Menge am besten oder probierst gleich alle Rezepte auf einmal aus. Wer noch einen draufsetzen will, bereitet für eine Grill- oder Fußballparty mehrere Stationen vor, an denen sich die Gäste ihren Lieblingshotdog quasi interaktiv selbst zusammenstellen können. Die Möglichkeiten sind endlos!

DER CHIPSDOG

1 Hotdog-Brötchen

1 heißes Würstchen, nach Belieben vegan

Kartoffelchips, zerkrümelt, in einer Geschmacksrichtung nach Wahl

Das Brötchen auf einen Teller legen, das heiße Würstchen hineinlegen. Mit den zerkrümelten Chips bestreuen und sofort servieren.

GANZ GROSSER KÄSE

1 Hotdog-Brötchen

1 heißes Würstchen, nach Belieben vegan

Käsecracker oder Käsechips nach Wahl oder Sprühkäse

Das Brötchen auf einen Teller legen, das heiße Würstchen hineinlegen. Mit Käsecrackern oder Käsechips belegen oder mit Sprühkäse besprühen und sofort servieren.

DER CHILI-CHEESEDOG

1 Hotdog-Würstchen, nach Belieben vegan, in feine Würfel geschnitten

2 EL Jalapeño-Chili-schoten, gewürfelt

130 g stückige Salsa

¼ TL Knoblauchpulver

1 großes Stück Maisbrot, 8-10 cm dick

2 Scheiben Scheibletten-käse

Frühlingszwiebelringe zum Garnieren

1 Gewürfeltes Hotdog-Würstchen, Chili, Salsa sowie Knoblauchpulver in einen kleinen Topf geben und bei mittlerer Temperatur zum Köcheln bringen. Die Hitze auf niedrige Temperatur reduzieren und alles zugedeckt 10 Minuten köcheln lassen.

2 Das Maisbrot auf einen Teller legen und aus der Mitte ein etwa 2½ Zentimeter breites Stück herausschneiden. Die Käsescheiben aufeinanderlegen und zu einem Zylinder etwa in der Form eines Hotdogs aufrollen. Den Käse in das Maisbrot legen, die Würstchenmischung daraufgeben und mit Frühlingszwiebelringen bestreuen. Mit Messer und Gabel sofort servieren.

DER NEW YORKER

2 EL Mayonnaise

2 EL griechischer Joghurt natur

1 TL Weißweinessig

¼ TL Knoblauchpulver

¼ TL Zucker

10 g Eisbergsalatstreifen

2 EL geraspelter Rotkohl

2 EL gewürfelte Tomaten

1 Laugenbrötchen, oberer Teil abgeschnitten

1 heißes Würstchen, nach Belieben vegan

gebrannte Erdnüsse, gehackt, und Brotchips, zerkrümelt, als Topping

1 In einer mittelgroßen Schüssel Mayonnaise, Joghurt, Essig, Knoblauchpulver und Zucker verrühren. Eisbergsalatstreifen, geraspelten Rotkohl sowie Tomaten hinzufügen und alles gründlich vermengen.

2 Das Laugenbrötchen auf einen Teller legen, das heiße Würstchen darauflegen. Den Salat darauf anrichten und mit gebrannten Erdnüssen sowie zerkrümelten Brotchips garnieren. Sofort servieren.

HOTDOG THAI-STYLE

65 g cremige Erdnuss-butter

2 EL grüne Currypaste

Saft von 1 Limette

1 Hotdog-Brötchen

1 EL zimmerwarme Butter

1 Blatt Reispapier

1 heißes Würstchen, nach Belieben vegan

1 Stängel Koriander

2 Basilikumblätter

4 Minzeblätter

1 EL Röstzwiebeln

1 EL geröstete und gesal-zene Erdnüsse, gehackt

1 In einer kleinen Schüssel Erdnussbutter, Currypaste und Limettensaft verrühren.

2 Eine kleine Pfanne bei mittlerer Temperatur erhitzen. Das Hotdog-Brötchen auf beiden Seiten mit Butter bestreichen und anschließend in etwa 4 Minuten in der Pfanne goldbraun rösten, dabei nach der Hälfte der Zeit wenden.

3 Das Reispapier einige Sekunden lang unter warmem Wasser anfeuchten. Auf der Arbeits-fläche ausbreiten und das geröstete Hotdog-Brötchen mittig darauflegen. Das Innere des Brötchens mit der Hälfte der Currymischung bestreichen. Das Würstchen ins Brötchen legen und mit Koriander, Basilikum, Minze, Röstzwie-beln sowie Erdnüssen garnieren. Die Enden des Reispapiers einschlagen und das Brötchen fest darin einwickeln. Sofort servieren, die restliche Currysauce zum Dippen dazu reichen.

DER EISDOG

35 ml weiches Erdbeereis

2 cremegefüllte kleine, längliche Kuchen, z. B. Twinkies

1 rote Fruchtgummischnur

1 gelbe Fruchtgummi-schnur

1 grüne Fruchtgummi-schnur, in kleine Stücke geschnitten

1 Ein Stück Klarsichtfolie auf die Arbeitsfläche legen. Das Erdbeereis in die Mitte geben und mithilfe der Folie vorsichtig zu einem Zylinder etwa in der Form eines Würstchens aufrollen. Die Enden der Folie eindrehen und das Eis für 15 Minuten ins Gefrierfach legen.

2 Die Kuchen nebeneinander auf einen Teller legen. Das Eis auswickeln und zwischen die Kuchen legen. Die rote und gelbe Frucht-gummischnur so darüberlegen, dass sie wie Ketchup- und Senfstreifen aussehen. Mit den Stücken der grünen Fruchtgummischnur – das »Relish« – garnieren und sofort servieren.

DAS EINHORN UNTER DEN HOTDOGS

115 g weiße Schokolade, grob gehackt

1 Banane, geschält und tiefgefroren

Zuckerwatte, Brombeermarmelade, Marshmallow-Creme, Zuckerstreusel und essbarer Glitzer zum Garnieren

HAWAIIDOG

1 dicke Scheibe Bacon (optional)

1 Hotdog-Würstchen, nach Belieben vegan

1 Hotdog-Brötchen

Ketchup, Ananasstückchen aus der Dose, abgegossen, und geriebener Mozzarella zum Garnieren

1 Eine kleine Pfanne bei mittlerer Temperatur erhitzen. Den Bacon spiralförmig um das Hotdog-Würstchen wickeln und bei Bedarf mit Zahnstochern fixieren. Das Würstchen in der Pfanne in etwa 6 Minuten rundum braten, bis der Bacon knusprig ist.

2 Das Brötchen auf einen Teller legen, das Würstchen hineinlegen. Mit Ketchup, Ananas und Mozzarella garniert sofort servieren.

1 Weiße Schokolade in einer mittelgroßen, mikrowellengeeigneten Schüssel in ca. 30 Sekunden auf hoher Stufe in der Mikrowelle schmelzen, dabei alle 10 Sekunden umrühren.

2 Die gefrorene Banane auf einen mit einem kleinen Stück Backpapier belegten Teller legen. Die geschmolzene Schokolade darübergießen und beides 10 Minuten ins Gefrierfach stellen.

3 2 große Stücke Zuckerwatte auf einem Teller drapieren. Das Backpapier von der Schokoladenbanane abziehen und die Banane zwischen die Zuckerwatte legen. Mit Brombeermarmelade und Marshmallow-Creme garnieren und mit Zuckerstreuseln sowie essbarem Glitzer bestreuen. Sofort servieren.

CALI-STYLE-
Sushi-Burrito

JE 2 BURRITOS

Hier trifft das Praktische eines Fingerfood-Burritos auf das Gesunde und Leckere eines Sushiröllchens. Der Thunfisch-Sushi-Burrito wird ganz kalifornisch nach Cali-Style serviert (also mit Pommes), der Veggie-Sushi-Burrito glänzt dafür mit gebratener Avocado. Beide werden mit köstlichen Saucen – Sriracha-Mayo, Wasabi-Mayo und Ingwer-Tamari – wie ein Burrito als Lunch to go aufgerollt.

THUNFISCH-SUSHI-BURRITO

120 ml Pflanzenöl

60 g TK-Pommes frites, aufgetaut

2 Noriblätter

250 g gekochter Sushireis

1 Avocado, halbiert, entsteint, geschält und in 1 cm dicke Scheiben geschnitten

225 g Gelbflossen-thunfisch in Sushiquali-tät, in 1 cm dicke Scheiben geschnitten

Sriracha-Mayo, Wasabi-Mayo und Ingwer-Tamari (Rezepte siehe S. 52) zum Beträufeln

1 Das Öl in einer kleinen Pfanne bei mittlerer Temperatur erhitzen. Die Pommes frites darin in etwa 5 Minuten knusprig braten, dabei gelegentlich mit einem Schaumlöffel oder einem Spinnensieb wenden. Auf einem mit Küchenpapier belegten Teller abtropfen und vollständig abkühlen lassen.

2 Die Noriblätter auf ein Schneidbrett legen und den Reis darauf verteilen, dabei einen etwa 1 Zentimeter breiten Rand frei lassen. Mit Avocado, Thunfisch und Pommes frites belegen und mit den Saucen beträufeln. Zu Sushiröllchen oder Burritos aufrollen, halbieren und servieren.

VEGGIE-SUSHI-BURRITO

120 ml Pflanzenöl

140 g Shiitakepilze, in Scheiben geschnitten

1 Avocado, halbiert, entsteint, geschält und in 1 cm dicke Scheiben geschnitten

1 Ei (Größe L), verquirlt

80 g Pankomehl

Meer- oder Steinsalz

2 Noriblätter

250 g gekochter Sushireis

1 Karotte, in feine Stifte geschnitten

1 Salatgurke, in feine Stifte geschnitten

Sriracha-Mayo, Wasabi-Mayo und Ingwer-Tamari (Rezepte siehe S. 52) zum Beträufeln

1 Das Öl in einer kleinen Pfanne bei mittlerer Temperatur erhitzen. Die Pilze unter häufigem Rühren rund 5 Minuten darin braten, bis sie gebräunt sind.

2 In der Zwischenzeit Avocado und Ei in eine mittelgroße Schüssel geben und die Avocado vorsichtig in dem Ei wenden. Pankomehl in eine weitere Schüssel geben. Die Avocadoscheiben gleichmäßig mit dem Mehl panieren; dabei unbedingt darauf achten, dass die Scheiben ganz bleiben.

Fortsetzung →

3 Die Pilze auf Küchenpapier abtropfen lassen und mit Salz würzen, das Öl weiterhin bei mittlerer Temperatur in der Pfanne lassen. Die panierten Avocadoscheiben portionsweise 3 bis 4 Minuten in dem Öl braten, dabei nach der Hälfte der Zeit wenden. Ebenfalls auf Küchenpapier abtropfen lassen und mit Salz würzen. Vor dem Fertigstellen der Sushi-Burritos die Avocado leicht abkühlen lassen.

4 Die Noriblätter auf ein Schneidbrett legen und den Reis darauf verteilen, dabei einen etwa 1 Zentimeter breiten Rand frei lassen. Mit Karotte, Gurke, Avocado sowie Pilzen belegen und mit den Saucen beträufeln. Zu Sushi»röllchen« oder Burritos aufrollen, halbieren und servieren.

SRIRACHA-MAYO
60 ml

60 ml Mayonnaise   1 EL Sriracha-Sauce

Mayonnaise und Sriracha-Sauce in einer kleinen Schüssel verrühren. Zum einfachen Beträufeln in eine Quetschflasche oder einen Zipbeutel füllen, von dem später eine kleine Ecke abgeschnitten werden kann.

WASABI-MAYO
60 ml

60 ml Mayonnaise   1 TL Wasabi-Paste

Mayonnaise und Wasabi-Paste in einer kleinen Schüssel verrühren. Zum einfachen Beträufeln in eine Quetschflasche oder einen Zipbeutel füllen, von dem später eine kleine Ecke abgeschnitten werden kann.

INGWER-TAMARI
60 ml

60 ml Tamari   1 EL gehackter frischer Ingwer

Tamari und gehackten Ingwer in einer kleinen Schüssel verrühren.

THANKSGIVING
Monte Cristo

Auf die uralte Frage: »Was tun mit all den Resten vom Thanksgiving-Dinner?«, gibt es nun eine endgültige Antwort: Das hier! Grüne Bohnen, Süßkartoffeln, Cranberrysauce, Truthahn und Bratensauce, sie alle finden in dieser irren Variante des klassischen kalifornischen Monte Cristo Sandwich ein neues Zuhause. Unser Sandwich eignet sich hervorragend als Mittagessen am nächsten Tag, als faules Abendessen oder frisch zubereitet, wenn man mal Sehnsucht nach November hat. (Die Bratensaucenpulver-Mayo ist für ganz Faule, da haben es alle, die auf Bratensaucenreste zurückgreifen können, natürlich besser.) Und jetzt heißt es: Turkey Time!

1 Die grünen Bohnen leicht schräg in 1 Zentimeter lange Stücke schneiden. Mit den getrockneten Cranberrys, den Mandelstiften und den Röstzwiebeln in eine kleine Schüssel geben und alles vermengen. Beiseitestellen.

2 In einer weiteren kleinen Schüssel Mayonnaise und Bratensaucenpulver verrühren. Ebenfalls beiseitestellen. (Wenn Bratensaucenreste vorhanden sind, diese verwenden.)

3 Die Brotscheiben mit einer Seite in die Eier tauchen und anschließend mit der trockenen Seite nach oben auf ein Schneidbrett legen. Ein Brot mit dem Süßkartoffelpüree, das andere mit der Cranberrysauce bestreichen. Die Truthahnscheiben zusammenklappen und auf das Brot mit der Cranberrysauce legen. Mit der Mayomischung bestreichen. Die grünen Bohnen auf dem Süßkartoffelpüree verteilen, dann die Sandwichhälften aufeinanderlegen.

4 Die Butter in einer mittelgroßen Pfanne bei mittlerer Temperatur zerlassen. Das Sandwich vorsichtig hineinlegen und etwa 2 Minuten braten. Wenden und auch auf der anderen Seite in rund 2 Minuten goldbraun braten.

5 Das Sandwich halbieren und mit Cranberrysauce zum Beträufeln servieren.

1 SANDWICH

- 75 g gekochte grüne Bohnen
- 2 EL getrocknete Cranberrys
- 25 g Mandelstifte
- 40 g Röstzwiebeln
- 60 ml Mayonnaise
- 2 TL Bratensaucenpulver
- 2 Scheiben Kartoffelbrot oder ein anderes Sandwichbrot nach Wahl
- 2 Eier (Größe L), leicht verquirlt
- 165 g Süßkartoffelpüree
- 140 ml Cranberrysauce + etwas mehr zum Beträufeln
- 4 Scheiben Truthahn
- 1 EL Butter

Poutine
MIT BUFFALO-HUHN

2 PORTIONEN

Für die Pommes

900 g Kartoffeln, vorzugsweise die Sorte Belana,
gründlich gewaschen und in
ca. 1 cm breite Stifte
geschnitten

1½ l Pflanzenöl

Meer- oder Steinsalz

Für das Poutine-Topping

4 EL Butter

120 ml (Buffalo-)Chilisauce

225 g Hähnchenbrustfilet,
fein gehackt

1 Ei (Größe L)

1 TL Meer- oder Steinsalz

100 g Semmelbrösel

1 EL Pflanzenöl

Blauschimmelkäse, zerkrü-
melt, Blauschimmelkäse-
Dressing, Stangensellerie,
in feine Scheiben geschnitten,
und Frühlingszwiebeln, in
feine Ringe geschnitten,
zum Garnieren

Buffalo, New York, und Montreal, Quebec, liegen geografisch gar nicht so weit voneinander entfernt, könnten kulturell aber unterschiedlicher nicht sein. Das eine ist die Heimat großartiger Architektur, zahlreicher Festivals und der stimmgewaltigen Céline Dion. Das andere ist die Heimat der Buffalo Bills, die viermal in Folge im Super Bowl unter-lagen. Gemeinsamer Nenner der beiden Städte jedoch ist ihr sagen-haftes Kneipenfood: die berühmten Chicken Wings von Buffalo und die nicht minder berühmte Poutine von Montreal. Warum also nicht beides kombinieren und als das Beste aus zwei Welten zum Nach-mittagsbierchen mit Freunden und Freundinnen servieren?

1 **Für die Pommes:** Die Kartoffelstifte in einen großen Topf geben und vollständig mit dem Öl bedecken. Die Mischung bei hoher Temperatur erhitzen und gelegentlich mit einem Schaumlöffel oder einem Spinnensieb umrühren. Das Öl wird sich langsam erwärmen und irgendwann beginnen, Bläschen zu bilden. Weiter umrühren, damit keine Kartoffelstifte am Topfboden oder aneinander anhaften. Die Kartoffeln werden zuerst bräunen, dann knusprig werden. Auf einen mit Küchenpapier belegten Teller geben und mit Salz würzen. Der ganze Vorgang dauert zwischen 20 und 30 Minuten.

2 **In der Zwischenzeit für das Poutine-Topping:** Die Butter in einer großen Pfanne bei mittlerer Temperatur zerlassen. Anschlie-ßend in eine mittelgroße Schüssel gießen; die Pfanne für später beiseitestellen. Die zerlassene Butter mit der Chilisauce verrühren.

3 Das fein gehackte Hähnchenfleisch mit Ei, Salz und der Hälfte der Chilisaucenmischung in eine große Schüssel geben und gründ-lich vermengen. Die Semmelbrösel dazugeben und aus der Mi-schung mit sauberen Händen einen homogenen, leicht klebrigen Teig kneten. Zu 10 Klößchen formen und diese auf einem Teller beiseitestellen.

Fortsetzung →

4 Das Öl in der beiseitegestellten Pfanne bei mittlerer Temperatur erhitzen. Die Fleischbällchen mit etwas Abstand zueinander hineinlegen und etwa 5 Minuten braten, bis sie unten schön gebräunt sind. (Falls nötig, muss portionsweise angebraten werden.) Die Klößchen wenden und die restliche Chilisaucenmischung dazugeben. Rund 5 Minuten weiterköcheln lassen, bis die Fleischbällchen gar sind. Die Pfanne vom Herd nehmen.

5 Die Pommes auf eine große Servierplatte geben. Mit Blauschimmelkäse bestreuen und die Fleischbällchen darauflegen. Mit der Chilisaucenmischung aus der Pfanne begießen und mit dem Blauschimmelkäse-Dressing beträufeln. Mit Selleriescheiben und Frühlingszwiebelringen garniert sofort servieren.

Baja Tacos
MIT DORITOS & BIER

Was haben Doritos, Bier und Tacos gemeinsam (außer dass sie sich an einem Samstagabend alle im Magen so mancher Studierenden befinden)? Na, ist doch klar: Sie sind alle superlecker! Für diese Fisch-Garnelen-Tacos wird eine Tüte Chips in einen köstlichen Bierteig verwandelt. Dieser ummantelt Fisch und Garnelen, die dann knusprig frittiert auf warmen Maistortillas Platz nehmen und mit Obst und Gemüse garniert werden (etwas Gesundes muss ja schließlich auch dabei sein ...).

1 Für den Bierteig: Die Nachochips in der Küchenmaschine oder im Mixer zu feinen Krümeln mahlen. In eine große Schüssel geben, Mehl, Speisestärke, Backpulver sowie Adobo Seasoning dazugeben und gründlich vermengen. Das Bier dazugießen und verrühren. Beiseitestellen.

2 Für die Tacos: Das Öl in einem großen Topf bei mittlerer bis hoher Temperatur mithilfe eines Küchenthermometers auf 175 °C erhitzen. Einen Ofenrost auf ein tiefes Backblech legen und beides bereitstellen.

3 In einer mittelgroßen Schüssel Kabeljau und Garnelen mit dem Adobo Seasoning vermengen. Beiseitestellen.

4 In einer weiteren mittelgroßen Schüssel den Rotkohl mit Apfelessig, 1 großzügigen Prise Salz und jeder Menge Pfeffer vermengen. Ebenfalls beiseitestellen.

5 Fisch und Garnelen mit einer Zange portionsweise im Bierteig wenden und in etwa 2 Minuten pro Seite in dem heißen Öl knusprig frittieren. Mit der Zange herausnehmen und auf dem bereitgestellten Ofenrost etwas abkühlen lassen.

4–6 PORTIONEN

Für den Bierteig
280 g Nachochips mit Käse, z. B. Doritos

110 g Mehl

30 g Speisestärke

1 EL Backpulver

1 EL Adobo Seasoning (Knoblauch- und Zwiebelpulver, Salz, schwarzer Pfeffer, Oregano, Kurkuma)

720 ml helles Bier

Für die Tacos
2 l Pflanzenöl

450 g Kabeljau, in ca. 2½ cm breite Streifen geschnitten

450 g Garnelen, geschält und vom Darmfaden befreit

1 EL Adobo Seasoning (siehe oben)

180 g Rotkohl, in feine Streifen geschnitten

2 EL Apfelessig

Meer- oder Steinsalz

schwarzer Pfeffer, frisch gemahlen

12 Maistortillas (15 cm Ø)

1 Jalapeño-Chilischote, in feine Ringe geschnitten

225 g Ananasstückchen aus der Dose, abgegossen

16 g frische Korianderblätter

Fortsetzung →

6 Eine mittelgroße Pfanne bei hoher Temperatur erhitzen und die Tortillas nacheinander darin erwärmen, 5 bis 10 Sekunden pro Seite. Die fertigen Tortillas auf ein sauberes Geschirrtuch legen und zugedeckt warm halten.

7 Den frittierten Fisch und die frittierten Garnelen auf eine Servierplatte legen. Gemeinsam mit dem Rotkohlsalat, den Jalapeño-Ringen, den Ananasstückchen, dem Koriander und den warmen Tortillas servieren.

Tomatensuppe
IN BROTSCHALE MIT GEGRILLTEM KÄSE

2 PORTIONEN

1 rundes Weißbrot

4 EL zimmerwarme Butter

8 Scheiben Scheiblettenkäse

300 ml Tomatensuppe
aus der Dose

Sprühkäse, Käsecracker in
Fischform, Schnittlauch und
Spießchen zum Garnieren
(optional)

Die Suppe in der Brotschale erinnert an die Kindheit, kommt hier
aber in einer sehr erwachsenen Portion und mit allen Vorzügen eines
Käsetoasts daher (plus einem tatsächlichen Käsetoast, der aus den
Resten der Suppenschale zubereitet wird!). Der Teil mit der Suppe ist
mit dem Öffnen einer Dose erledigt, denn schließlich soll das Leben
ja simpel sein. Und Deko zum Dahinschmelzen ist zwar kein Muss,
aber höchst empfehlenswert – vor allem für diejenigen, die immer
noch gern mit dem Essen spielen.

1 Den Backofen auf 175 °C vorheizen. Einen Ofenrost in der Mitte
in den Backofen schieben. Ein Backblech mit Backpapier belegen.

2 Mit einem Messer den oberen Teil des Brotes und die Krume
so herausschneiden, dass ein mindestens 5 Zentimeter dicker
Rand bleibt. Das Brotstück sollte möglichst sauber herausgeschnit-
ten werden, aus ihm wird später der Käsetoast zubereitet.

3 Die Brotschale auf das vorbereitete Backblech legen und innen
mit 3 Esslöffel Butter bestreichen. Anschließend das Innere mit
6 Scheiben Käse auskleiden. Etwa 10 Minuten im Ofen backen,
bis der Käse geschmolzen ist.

4 In der Zwischenzeit eine kleine Pfanne bei mittlerer bis niedriger
Temperatur erhitzen. Das herausgeschnittene Brotstück waagerecht halbieren und die Schnittflächen mit der restlichen Butter
bestreichen. Den restlichen Käse dazwischenlegen. Das Sandwich
etwa 4 Minuten pro Seite in der Pfanne rösten.

5 Die Tomatensuppe in die Brotschale gießen und diese für
weitere 5 Minuten in den Ofen stellen, bis die Suppe heiß ist.
Nach Belieben garnieren und zusammen mit dem Sandwich
sofort servieren.

GRIECHISCHER SALAT IM
Salatkopf

**1 SALATSCHÜSSEL,
1–2 PORTIONEN**

Für die Hähnchenspieße (optional)

450 g Hähnchenfleisch von der Oberkeule, ohne Knochen und ohne Haut, in ca. 2½ cm große Würfel geschnitten

2 EL Olivenöl

2 EL Zitronensaft, frisch gepresst

1 EL getrockneter Oregano

½ TL Meer- oder Steinsalz

½ TL schwarzer Pfeffer, frisch gemahlen

¼ TL Chiliflocken

Für die Veggie-Spieße (optional)

30 g Zucchini, in 1 cm dicke Scheiben geschnitten und halbiert

30 g gelbe Paprikaschote, in 1 cm breite Streifen geschnitten

30 g Kirschtomaten

1 EL Olivenöl

Warum eine Schüssel verwenden, die man abspülen muss, wenn man sie auch essen könnte? Eisbergsalat ist das perfekte Gefäß für einen frischen griechischen Salat: Er ist robust genug, um die ganzen Leckereien zusammenhalten zu können, und dient geschmacklich gleichzeitig als eine Art leere Leinwand für die Vielfalt anderer Aromen. Dieses Rezept kann flexibel eine oder zwei Portionen ergeben; die Hähnchenspieße sind für Fleisch-Fans, die Veggie-Spieße für Vegetarier*innen und beide zusammen für die *Over the Top*-Liebhaber*innen. Das geröstete Pitabrot schließlich ist nicht nur ein praktischer Teller, sondern saugt auch alles auf, was durchsickert, und macht so ungeheuer Lust auf den finalen Happen.

1 **Für die Hähnchenspieße:** Hähnchenfleisch, Olivenöl, Zitronensaft, Oregano, Salz, Pfeffer und Chiliflocken in einen Zipbeutel geben. Den Beutel fest verschließen und das Fleisch in den anderen Zutaten wenden. Bei Zimmertemperatur 30 Minuten ziehen lassen.

2 **Für die Veggie-Spieße:** Zucchini, Paprika und Tomaten abwechselnd auf Spieße stecken. Das Gemüse mit Olivenöl bepinseln und die Spieße beiseitestellen.

3 **Für den Salat:** Von der Oberseite des Eisbergsalats 5 Zentimeter abschneiden und beiseitelegen. Von der gegenüberliegenden (Strunk-)Seite ½ Zentimeter abschneiden, um eine gerade Fläche zu erzeugen, auf der der Salatkopf stabil steht. Den Eisbergsalat auf ein Schneidbrett stellen. Mit einem Schälmesser den Salatkopf von oben so aushöhlen, dass ein etwa 2½ Zentimeter breiter Rand bleibt. Das ausgeschnittene Stück und die abgeschnittenen Teile in feine Streifen schneiden.

4 Eisbergsalatstreifen, Gurkenhalbmonde, halbierte Tomaten und Oliven in eine mittelgroße Schüssel geben. Olivenöl, Zitronensaft, Oregano sowie Salz und Pfeffer dazugeben. Alles gründlich vermengen. Den Feta darüberstreuen. Beiseitestellen.

5 Eine große Pfanne bei mittlerer Temperatur erhitzen. Zuerst die Veggie-Spieße in die Pfanne legen und etwa 5 Minuten braten, bis das Gemüse leicht gebräunt ist. Auf einen Teller legen. Das marinierte Hähnchenfleisch auf die restlichen Spieße fädeln und etwa 5 Minuten ebenfalls in der Pfanne braten, bis das Fleisch rundum gebräunt ist. Auf einen separaten Teller legen.

6 Das Pitabrot etwa 1 Minute pro Seite in einer sauberen Pfanne erwärmen und anschließend auf einen Teller legen. Die Eisbergsalatschüssel auf das Pitabrot stellen und den Salat hineinfüllen. Mit den Hähnchen- und/oder Veggie-Spießen garnieren und sofort servieren.

Für den Salat

1 mittelgroßer Kopf Eisbergsalat

30 g Salatgurke, in Scheiben geschnitten und halbiert

30 g Kirschtomaten, halbiert

45 g Oliven, vorzugsweise Kalamata-Oliven, entsteint

1 EL Olivenöl

1 EL Zitronensaft, frisch gepresst

1 TL getrockneter Oregano

¼ TL Meer- oder Steinsalz

¼ TL schwarzer Pfeffer, frisch gemahlen

60 g Feta, zerkrümelt

1–2 Pitabrote

Außerdem
4 Holzspieße

Ofenkartoffel
MIT SAMOSA-TOPPING

Ofenkartoffeln erwärmen das Herz und den Rest des Körpers, brauchen zugegebenermaßen aber viele Gewürze, um sich einen Platz im Reich der Köstlichkeiten sichern zu können. Probiere es statt mit den üblichen »Innereien« – Sour Cream, Schnittlauch, Käse, Bacon – doch einmal mit dieser vegetarischen Version mit erfrischendem Kräuterchutney, das all die warmen Gewürze in der Kartoffel wunderbar ausgleicht. Im Grunde ist dieses Gericht drei Kartoffelspezialitäten in einem: In die gebackene Kartoffel mit ihrer herrlich knusprigen Schale kommt ein pikanter Kartoffelsalat, getoppt von frittierten Reisteig-Streifen, die unweigerlich an Samosas denken lassen.

1 Für den Kartoffelsalat: Den Backofen auf 200 °C vorheizen und einen Ofenrost in der Mitte in den Backofen schieben.

2 Die Kartoffel auf ein Stück Alufolie legen und rundum mit einer Gabel einstechen. Die Schale mit 1 Esslöffel Öl einreiben und mit ½ Teelöffel Salz würzen. In die Folie eingewickelt etwa 30 Minuten direkt auf dem Ofenrost backen.

3 In der Zwischenzeit das restliche Öl in einer kleinen Pfanne bei mittlerer Temperatur erhitzen. Vorsichtig die Reisteig-Streifen hineingeben und in etwa 1 Minute in dem heißen Öl goldbraun und knusprig frittieren, dabei mit einem Schaumlöffel einmal wenden. Mit dem Schaumlöffel herausheben und auf Küchenpapier abtropfen lassen.

4 1 Esslöffel des Frittieröls in eine mittelgroße Schüssel geben. Kurkuma, Kreuzkümmel, Koriander, Kardamom, Ingwer, Chilipulver, restliches Salz sowie Pfeffer dazugeben und alles gründlich zu einer Art Paste verrühren. Erbsen und Mayonnaise unterrühren.

1 PORTION

Für den Kartoffelsalat
1 große Kartoffel

120 ml + 1 EL Pflanzenöl

1 TL Meer- oder Steinsalz

1 quadratisches Reisteigblatt für Wantan, in 1 cm breite Streifen geschnitten

½ TL gemahlene Kurkuma

½ TL gemahlener Kreuzkümmel

½ TL gemahlener Koriander

½ TL gemahlener Kardamom

½ TL gemahlener Ingwer

½ TL Chilipulver

½ TL schwarzer Pfeffer, frisch gemahlen

40 g TK-Erbsen

2 EL Mayonnaise

Für das Chutney
6 frische Minzeblätter

2 Stängel Koriander

1 Stück Ingwer, 2½ cm lang, geschält

1 Knoblauchzehe, abgezogen

1 Jalapeño-Chilischote, halbiert und entkernt

2 EL Pflanzenöl

Fortsetzung →

5 Die Kartoffel aus dem Ofen nehmen und auf ein Schneidbrett legen; den Ofen eingeschaltet lassen. Die Alufolie entsorgen und die Kartoffel etwas abkühlen lassen. Anschließend das obere Drittel längs abschneiden und beiseitelegen. Beinahe das gesamte Kartoffelfleisch herausheben, dabei einen gut 1 Zentimeter breiten Rand stehen lassen. Das Kartoffelfleisch zusammen mit dem beiseitegelegten Drittel in kleine Würfel hacken, zur Mayonnaisemischung geben und darin wenden. In die ausgehöhlte Kartoffel füllen und diese auf ein tiefes Backblech legen. Nochmals rund 10 Minuten im Ofen backen, bis die Kartoffelschale knusprig und die Füllung warm ist.

6 **In der Zwischenzeit für das Chutney:** Minze, Koriander, Ingwer, Knoblauch, Chili und Öl mit 2 Esslöffel Wasser in den Mixer geben. Auf hoher Stufe etwa 1 Minute mixen, bis eine glatte Mischung entstanden ist. In eine Schale füllen und beiseitestellen.

7 Die gefüllte Kartoffel auf einen Teller legen und mit dem Chutney beträufeln. Übrig gebliebenes Chutney hält sich in einem luftdicht verschlossenen Behälter im Kühlschrank bis zu 5 Tage. Die Kartoffel mit den frittierten Reisteig-Streifen bestreuen und sofort servieren.

MINESTRONE MIT
Cowboy-Kaviar

Cowboy- oder Texas-Kaviar ist ein Dip aus Schwarzaugenbohnen und gehacktem Gemüse, gewürzt mit einer säuerlichen Vinaigrette. Minestrone ist eine Suppe aus Bohnen, gehacktem Gemüse, Nudeln und Brühe. Die beiden haben also viel gemeinsam, und so liegt es praktisch auf der Hand, dass sie sich auch einmal kennenlernen und ein Bündnis eingehen. Ein tröstlich dampfender Teller Suppe, der erfrischende Geschmack eines würzigen Dips, und das auch noch in einem Gericht vereint – kann man da noch einen draufsetzen?

1 Das Olivenöl in einem Schmortopf oder einem anderen großen Topf bei mittlerer Temperatur erhitzen. Paprika, Zwiebel sowie Chili hineingeben und unter gelegentlichem Rühren in rund 5 Minuten weich dünsten. Kreuzkümmel, Chilipulver, Oregano, Salz sowie Pfeffer hinzufügen, verrühren und rund 1 Minute mitdünsten, bis die Gewürze zu duften beginnen.

2 Salsa, schwarze Bohnen, Schwarzaugenbohnen, Mais und Brühe dazugeben und die Hitze auf hohe Temperatur erhöhen. Die Mischung zum Kochen bringen, anschließend die Nudeln hineingeben und unter gelegentlichem Rühren nach Packungsanweisung in etwa 8 Minuten al dente garen.

3 Die Minestrone vom Herd nehmen und den Koriander, die Frühlingszwiebeln sowie den Essig unterrühren. Auf Schalen verteilen und mit zerbröselten Tortillachips garniert sofort servieren.

8 PORTIONEN

2 EL Olivenöl

1 grüne Paprikaschote, von Stiel und Kerngehäuse befreit und grob gehackt

1 rote Zwiebel, abgezogen und grob gehackt

1 Jalapeño-Chilischote, entkernt und in Würfel geschnitten

2 EL gemahlener Kreuzkümmel

1 EL Chilipulver

1 EL getrockneter Oregano

2 TL Meer- oder Steinsalz

½ TL schwarzer Pfeffer, frisch gemahlen

440 g stückige Salsa

440 g schwarze Bohnen aus der Dose, abgegossen und abgespült

440 g Schwarzaugenbohnen aus der Dose, abgegossen und abgespült

430 g Maiskörner aus der Dose, abgegossen

960 ml Gemüsebrühe

100 g Hörnchennudeln

8 g frischer Koriander, fein gehackt

4 Frühlingszwiebeln, in feine Ringe geschnitten

3 EL Rotweinessig

Tortillachips, zerbröselt, zum Garnieren

Sloppy-Joe-Cheeseburger
MIT DOPPELT BACON

4 PORTIONEN

8 dicke Scheiben Bacon,
quer halbiert (optional), oder
2 EL Pflanzenöl

450 g Rinderhackfleisch oder
eine vegetarische Alternative

240 ml Ketchup

1 große saure Gurke, gewürfelt
+ 2 EL Saure-Gurken-Lake

2 EL heller brauner Zucker

1 EL Worcestershiresauce

1 EL Dijonsenf

2 TL geräuchertes Paprikapulver

1 TL Chilipulver

½ TL Meer- oder Steinsalz

8 Scheiben Scheiblettenkäse

1 rote Paprikaschote, von Stiel
und Kerngehäuse befreit und
in Würfel geschnitten

½ Gemüsezwiebel, abgezogen
und in Würfel geschnitten

4 Burgerbrötchen mit Sesam,
halbiert

Das Einzige, das einen Cheeseburger mit doppelt Bacon noch auf-
regender machen kann, ist, den Joe ins Spiel zu bringen, und zwar
den Sloppy Joe (für Banausen: Brötchen mit Hackfleischsauce). Die
Burgermischung wird mit Ketchup, jeder Menge Gewürzen, Bacon,
Käse und – tata! – Saure-Gurken-Lake aufgemotzt, in der Pfanne
scharf angebraten und dann mit noch mehr Bacon und Käse belegt.
Dabei heraus kommt ein echt schludriger (sloppy) Burger, der sich
kaum im Brötchen halten kann.

1 Den Bacon in einer gusseisernen Pfanne (30 cm Ø) oder einer
großen beschichteten Pfanne bei mittlerer Temperatur unter gelegentlichem Wenden rund 10 Minuten braten, bis das Fett ausgelassen und der Bacon knusprig ist. Auf Küchenpapier abtropfen
lassen und die Pfanne vom Herd nehmen; dabei das Baconfett in
der Pfanne für später aufbewahren.

2 Hackfleisch, Ketchup, Saure-Gurken-Lake, braunen Zucker,
Worcestershiresauce, Senf, Paprikapulver, Chilipulver und Salz
in eine große Schüssel geben. Mit sauberen Händen zu einer
homogenen Mischung verarbeiten.

3 8 Baconstücke auf ein Schneidbrett legen und in etwa ½ Zentimeter große Würfel schneiden. Zur Hackfleischmischung geben
und unterkneten. 4 Scheibletten aufeinanderlegen und in 3 Streifen
schneiden. Die Streifen anschließend quer in 12 Quadrate schneiden. Mit den Paprikawürfeln ebenfalls zur Hackfleischmischung
geben und vorsichtig einarbeiten. Die Hackfleischmischung dann
zu 4 gleich großen Burgern formen.

4 In einer mittelgroßen Schüssel die Gurkenwürfel mit den Zwie-
belwürfeln vermengen und beiseitestellen.

5 Das aufbewahrte Baconfett in der Pfanne bei mittlerer Temperatur erhitzen (falls der Bacon nicht verwendet wird, das Pflanzenöl in einer sauberen Pfanne erhitzen). Die Burger mit viel Platz dazwischen (notfalls portionsweise) etwa 5 Minuten in dem Fett anbraten, bis sie unten schön braun sind. Wenden und mit den restlichen Scheibletten sowie dem restlichen Bacon belegen. Weitere 5 Minuten braten, bis der Käse geschmolzen ist.

6 Die Burgerbrötchen auf eine Servierplatte oder Teller legen und auf der unteren Hälfte jeweils 1 Burger platzieren. Mit der Gurken-Zwiebel-Mischung bestreuen und mit den oberen Brötchenhälften abschließen. Sofort servieren.

Carbonara

MIT ROSENKOHL UND PILZ-»BACON«

4 PORTIONEN

Für den Knusperparmesan

50 g geriebener Parmesan

2 TL geräuchertes Paprika-pulver

Für den Pilz-»Bacon«

50 g Shiitakepilze, in Scheiben geschnitten

1 TL geräuchertes Paprika-pulver

1 TL heller brauner Zucker

1 TL Worcestershiresauce

1 TL Tamari

¼ TL Meer- oder Steinsalz

¼ TL schwarzer Pfeffer, frisch gemahlen

1 EL Pflanzenöl

Für die Carbonara

1 EL + ½ TL Meer- oder Stein-salz

4 Eigelbe von Eiern Größe L

1 Ei (Größe L)

25 g geriebener Parmesan

¼ TL schwarzer Pfeffer, frisch gemahlen

1 EL Pflanzenöl

225 g Rosenkohl, geputzt und halbiert

450 g Linguine

Rosenkohl und Bacon sind eine klassische Kombination, so viel wissen wir. Ein rauchiger, würziger, supereinfacher Pilz-»Bacon« aber ist ein *Over the Top*-Fleischersatz, der dieses vegetarische Gericht zu einem echten Überflieger macht. Nachdem das Gemüse eine wunderschöne Bräune angenommen hat, wird es von einer cremigen Carbonarasauce eingehüllt und von knusprigem Parmesan getoppt. Noch mehr *Over the Top*-Lunch geht nicht.

1 Den Backofen auf 200 °C vorheizen und einen Ofenrost in der Mitte in den Backofen schieben. Ein tiefes Backblech mit einer Backmatte aus Silikon oder mit Backpapier belegen.

2 **Für den Knusperparmesan:** Den geriebenen Parmesan in Kreisen (ca. 8 cm Ø) auf das vorbereitete Backblech streuen – 2 Esslöffel für jeden Kreis – und dabei viel Platz zwischen den Kreisen lassen. 3 bis 5 Minuten im Ofen backen, bis der Käse geschmolzen ist und die Plätzchen knusprig goldbraun sind. 5 Minuten abkühlen lassen.

3 Die Parmesanplätzchen jeweils mit zwei kleinen Stücken Küchenpapier belegen, dabei in der Mitte einen diagonalen Streifen frei lassen. Diese Streifen mit jeweils ½ Teelöffel Paprikapulver bestreuen. Den Knusperparmesan beiseitestellen.

4 **Für den Pilz-»Bacon«:** In einer kleinen Schüssel Shiitakepilze, Paprikapulver, Zucker, Worcestershiresauce, Tamari, Salz und Pfeffer vermengen.

5 Das Öl in einer großen Pfanne bei mittlerer Temperatur erhitzen. Die Pilze nebeneinander und mit Platz dazwischen hineinlegen und unter gelegentlichem Schwenken der Pfanne in etwa 6 Minuten knusprig braten. In eine kleine Schüssel geben und beiseitestellen. Die Pfanne auswischen.

6 Für die Carbonara: Einen großen Topf mit Wasser füllen und 1 Esslöffel Salz hineingeben. Das Wasser bei hoher Temperatur zum Kochen bringen.

7 In der Zwischenzeit in einer mittelgroßen Schüssel Eigelbe, Ei, Parmesan, Pfeffer und ½ Teelöffel Salz verrühren. Beiseitestellen.

8 Das Öl in der Pilzpfanne bei mittlerer Temperatur erhitzen und den Rosenkohl anschließend gleichmäßig darin verteilen. Großzügig mit Salz würzen und etwas pfeffern. Unter gelegentlichem Schwenken der Pfanne rund 10 Minuten braten, bis der Rosenkohl leicht gebräunt und zart gegart ist.

9 In der Zwischenzeit die Linguine in dem großen Topf nach Packungsanweisung al dente kochen. 240 Milliliter Kochwasser abmessen, dann die Nudeln in ein Sieb abgießen und wieder in den Topf geben.

10 Langsam 120 Milliliter des abgemessenen Kochwassers unter die Eimischung rühren und die Mischung anschließend zu den Nudeln geben. Die Nudeln mit einer Zange in der Mischung wenden. Weiterrühren und dabei den Rosenkohl, den Pilz-»Bacon« sowie noch einmal 120 Milliliter Pastawasser zu den Linguine geben, bis die Sauce leicht eindickt. Mit Salz und Pfeffer abschmecken.

11 Die Nudeln auf vier Tellern anrichten und mit Knusperparmesan garniert sofort servieren.

KNUSPRIGER
BLT-Salat

Dieser köstliche und irgendwie auch gesunde BLT(Bacon-Lettuce-Tomato)-Salat mit Betonung auf »Salat« ist alles andere als langweilig. Denn der knusprige Bacon wird lecker karamellisiert, die mit Mayo bestrichenen und gerösteten Brotscheiben ergeben crunchige Croûtons, die Tomaten und der Romanasalat werden auf den Grill geworfen, und abgerundet wird das Ganze mit einem säuerlich-cremigen Dressing ... Hey, wir haben gesagt, *irgendwie* gesund!

1 Den Grill auf mittlerer bis hoher Stufe vorheizen oder eine Grillpfanne bei mittlerer bis hoher Temperatur erhitzen.

2 Für das Dressing: In einer mittelgroßen Schüssel Mayonnaise, Senf, Essig, Zucker, Salz und Pfeffer verrühren. Beiseitestellen.

3 Für den Salat: Bacon, Zucker, Ahornsirup und Cayennepfeffer in eine mittelgroße Schüssel geben und mit sauberen Händen gründlich vermengen. Die Baconscheiben zickzackförmig falten und je 2 Scheiben auf 1 Holzspieß stecken.

4 Den Grill oder die Grillpfanne mit 1 Esslöffel Öl bepinseln. Die Baconspieße auf allen Seiten in rund 4 Minuten knusprig goldbraun grillen und anschließend auf einen Teller legen.

5 Das Brot auf beiden Seiten mit Mayonnaise bestreichen und etwa 2 Minuten pro Seite auf dem Grill oder in der Grillpfanne rösten, bis es knusprig ist. Anschließend auf einem Schneidbrett in etwa 2½ Zentimeter große Würfel schneiden.

6 Die Rispentomaten mit der Rispe nach oben auf den Grill oder in die Grillpfanne legen und rund 3 Minuten grillen, bis die Tomatenhaut Blasen wirft. Zum Bacon auf den Teller legen.

7 Die Romanasalathälften mit dem restlichen Öl bepinseln. Anschließend mit der Schnittfläche nach unten für etwa 5 Minuten auf den Grill oder in die Grillpfanne legen.

8 Die Romanasalathälften auf eine Servierplatte legen und mit der Hälfte des Dressings beträufeln. Mit den Croûtons bestreuen und die Baconspieße sowie die Tomaten auf dem Salat anrichten. Mit dem restlichen Dressing beträufeln und sofort servieren.

2 PORTIONEN

Für das Dressing
120 ml Mayonnaise
2 EL Dijonsenf
2 EL Weißweinessig
1 TL Zucker
½ TL Meer- oder Steinsalz
½ TL schwarzer Pfeffer, frisch gemahlen

Für den Salat
4 dicke Scheiben Bacon
2 EL heller brauner Zucker
2 EL Ahornsirup
1 Prise Cayennepfeffer
3 EL Pflanzenöl
2 Scheiben Weißbrot
2 EL Mayonnaise
225 g kleine Rispentomaten
2 Romanasalatherzen, längs halbiert

Außerdem
2 Holzspieße, 10 Minuten in Wasser eingeweicht

ES IST
angerichtet!

KARAMELLISIERTES
Bierdosen-Huhn

1 Dose helles Bier (500 ml)

2 EL heller brauner Zucker

1 EL Meer- oder Steinsalz

1 TL schwarzer Pfeffer, frisch gemahlen

1 TL geräuchertes Paprikapulver

1 TL Chilipulver

1 TL Cayennepfeffer

½ TL Chiliflocken

½ TL getrockneter Oregano

½ TL Senfpulver

½ TL Zwiebelpulver

½ TL Knoblauchpulver

1 Hähnchen (1,4–1,8 kg), abgespült und mit Küchenpapier trocken getupft

2 EL Butter, zerlassen

Dieser Grillsaisonklassiker hat den Zubereitungsort gewechselt und sich in ein Ofenhähnchen verwandelt, dabei aber das ganze saftige Innere und knusprige Äußere mitgenommen, wie wir sie von der Draußenversion kennen und lieben. Die Saftigkeit verdankt es der Bierdose beziehungsweise deren Inhalt, aber das ist noch längst nicht das Leckerste daran. Gold geht an die Gewürzmischung aus geräuchertem Paprikapulver, braunem Zucker, Oregano und Cayennepfeffer, mit der das Huhn eingerieben wird (fast ein wenig zu *over the top*, aber nur fast). Am besten tranchierst du den fertig gegarten Vogel und beträufelst ihn mit der unglaublich würzigen Sauce aus der Form – doch wir urteilen nicht über diejenigen, die es nicht abwarten können und das Hähnchen direkt aus der Form essen.

1 Den Backofen auf 230 °C vorheizen und einen Ofenrost in der Mitte in den Backofen schieben. Die (zuvor abgewaschene) Bierdose öffnen, dann mit einem Dosenöffner den gesamten Deckel entfernen. Die Dose in die Mitte einer quadratischen Backform (20 x 20 cm) stellen.

2 In einer mittelgroßen Schüssel braunen Zucker, Salz, schwarzen Pfeffer, geräuchertes Paprikapulver, Chilipulver, Cayennepfeffer, Chiliflocken, Oregano, Senfpulver, Zwiebelpulver und Knoblauchpulver verrühren. 1 Esslöffel der Gewürzmischung in die Bierdose geben (Achtung, das schäumt, das macht aber nichts).

3 Das Hähnchen rundum mit der zerlassenen Butter bestreichen. 2 Esslöffel Gewürzmischung ins Hähncheninnere streuen, anschließend das Hähnchen von außen auf allen Seiten mit der restlichen Gewürzmischung einreiben. Dabei vorsichtig auch etwas Gewürzmischung unter die Haut auf der Brust geben.

Fortsetzung →

4 Das Hähnchen mit den Beinen nach unten aufrecht auf die Bierdose setzen. Die Backform vorsichtig in den Ofen stellen und das Hähnchen 30 bis 40 Minuten im Ofen backen; es ist gar, wenn ein Küchenthermometer an der dicksten Stelle der Keule 75 °C anzeigt.

5 Die Backform aus dem Ofen nehmen und das Hähnchen auf der Dose etwa 15 Minuten ruhen lassen. Das Hähnchen anschließend mit einer Zange vorsichtig von der Dose nehmen (Achtung, Dose und Bier können noch heiß sein) und auf ein Schneidbrett legen. Dose und Bier entsorgen. Das Hähnchen tranchieren (siehe unten), die Teile auf einer Servierplatte anrichten. Mit dem Bratensaft beträufeln und sofort servieren.

TIPP Für die Zubereitung auf dem Grill eine Seite des Grills auf 230 °C erhitzen, die andere Seite kalt lassen. Den Anweisungen im Rezept folgen, dabei jedoch die Form mit dem Hähnchen auf die kalte Grillseite stellen und das Fleisch bei indirekter Hitze etwa 1 Stunde grillen, bis das Küchenthermometer 75 °C anzeigt.

So wird ein Hähnchen tranchiert

1 Das Hähnchen auf ein robustes Schneidbrett legen und ein spitzes, langes, schmales Messer zur Hand nehmen.

2 Auf einer Seite mit den Fingern ertasten, wo sich das Gelenk zwischen Keule und Rumpf befindet, dann genau an dieser Stelle mithilfe des Messers die Keule vom Rumpf trennen. Auf eine Servierplatte legen. Wer mag, kann die Keule noch in Ober- und Unterschenkel teilen.

3 Auf die gleiche Weise den Flügel im Gelenk vom Rumpf schneiden und ebenfalls auf die Servierplatte legen.

4 Die Vorgänge auf der anderen Seite wiederholen.

5 Um die Brustfilets von der Karkasse zu lösen, mit der Klinge des Messers auf beiden Seiten eng am erhöhten Brustbein entlangfahren. Die Filets auf die Servierplatte legen, dabei nach Belieben in kleinere Stücke teilen.

6 *Over the Top*-Tipp: Die Karkasse einfrieren und später eine leckere Hühnerbrühe daraus zubereiten!

OKONOMIYAKI-Ramen

Okonomiyaki ist ein pikanter japanischer Pfannkuchen, dessen Name sich aus *okonomi* (nach Belieben) und *yaki* (gegart) zusammensetzt. Und ganz in diesem Sinn gibt es in Japan endlos viele regionale Varianten des Gerichts mit einer unglaublichen Vielfalt an Füllungen und Zubereitungsarten. Allen gemeinsam ist jedoch, dass wirklich gute Okonomiyaki tonnenweise Weißkohl und eine umamireiche Sauce enthalten, die man als Japans Antwort auf Worcestershiresauce bezeichnen könnte. (In diesem Rezept erfährst du, wie du ganz leicht einen Ersatz dafür zubereiten kannst.) Ramen, ein weiteres japanisches Grundnahrungsmittel, bietet ähnlich viele Möglichkeiten des köstlichen Kombinierens. Wir haben uns für diese entschieden: eine Schale mit dampfend heißen Ramen-Nudeln, darauf jede Menge Kohl, Saucen, Tempura und ein klassisches, weich gekochtes Ei. Warm, sättigend, nahrhaft und ausgesprochen *over the top*.

1 Für die Okonomiyaki-Sauce: In einer kleinen Schüssel Ketchup, Worcestershiresauce, Zucker und Tamari verrühren. Beiseitestellen.

2 Für die Ramen-Nudeln: Einen mittelgroßen Topf mit Wasser füllen und dieses bei hoher Temperatur zum Kochen bringen. Das Ei hineingeben und 7 Minuten kochen. Abgießen und mit kaltem Wasser abschrecken. Beiseitelegen.

3 Die Ramen-Nudeln mitsamt Gewürzen nach Packungsanweisung garen und anschließend in eine große Servierschüssel füllen. Die Weißkohlstreifen daraufgeben und die Tempura-Chips darüberstreuen. Das Ei pellen, halbieren und auf die Ramen-Nudeln legen. Mit der Okonomiyaki-Sauce beträufeln und mit Mayonnaise garnieren. Mit Frühlingszwiebelringen bestreuen und sofort servieren.

I PORTION

Für die Okonomiyaki-Sauce

60 ml Ketchup

3 EL Worcestershiresauce

2 EL Zucker

2 EL Tamari

Für die Ramen-Nudeln

1 Ei (Größe L)

1 Packung Ramen-Nudeln (85 g) mit Gewürzpäckchen

90 g Weißkohl, in feine Streifen geschnitten

Tempura-Chips, Mayonnaise und Frühlingszwiebeln, in feine Ringe geschnitten, zum Garnieren

BBQ VOM BLECH

Der Erfolg dieses Gerichts hängt einzig und allein davon ab, wie fest du etwas in Alufolie wickeln kannst. Ansonsten wird eigentlich nur eine Gewürzmischung zusammengerührt und schnell die eine oder andere Beilage zubereitet, bevor alles auf ein Blech gelegt, die Ofentür geöffnet und das Blech in den Ofen geschoben wird. Anders ausgedrückt: Eine Rinderbrust und Rippchen werden mit Gewürzen eingerieben, in Folie gewickelt und im Ofen gebacken. Zu ihnen gesellen sich in der zweiten Hälfte der Garzeit Kohl, Mac and Cheese sowie Bohnen, ebenfalls in Folie. Und dann muss nur noch ausgepackt und gegessen werden, während ein himmlischer Grillduft – OMGBBQ! – durch die Küche wabert.

1 Den Backofen auf 175 °C vorheizen und einen Ofenrost in der Mitte in den Backofen schieben. Ein tiefes Backblech mit Alufolie belegen.

2 **Für die Gewürzmischung:** In einer mittelgroßen Schüssel Zucker, Paprikapulver, Salz, Knoblauchpulver, Zwiebelpulver, schwarzen Pfeffer, Cayennepfeffer, Kreuzkümmel und Oregano verrühren. 2 Esslöffel der Mischung abmessen und in eine kleine Schüssel geben. Beide Schüsseln beiseitestellen.

3 **Für das Fleisch:** Zwei lange Stücke Alufolie aufeinanderlegen. Die Rinderbrust mit der Fettseite nach oben mittig darauflegen. Das Fleisch mit etwa der Hälfte der Gewürzmischung aus der größeren Schüssel bestreuen und rundum mit der Mischung einreiben. Die Folie so nach oben und um die Rinderbrust herum falten, dass ein offenes Körbchen entsteht; dabei sicherstellen, dass die Seiten dicht sind. 480 Milliliter Wasser hineingießen, dann die Folie über das Fleisch schlagen und fest verschließen. Das Päckchen auf das vorbereitete Backblech legen.

Fortsetzung →

4 PORTIONEN

Für die Gewürzmischung

50 g heller brauner Zucker

30 g geräuch. Paprikapulver

3 EL Meer- oder Steinsalz

2 EL Knoblauchpulver

2 EL Zwiebelpulver

1 EL schwarzer Pfeffer, frisch gemahlen

2 TL Cayennepfeffer

2 TL gemahlener Kreuzkümmel

1 TL getrockneter Oregano

Für das Fleisch

1 Rinderbrust (ca. 900 g)

ca. 675 g Spareribs

140 ml Barbecuesauce

Für die Beilagen

1 Bund Blattkohl, gehackt

6 Knoblauchzehen, abgezogen und zerdrückt

½ Stange Beef Jerky, in kleine Stücke geschnitten

440 g weiße Bohnen aus der Dose, abgegossen und abgespült

60 ml Ketchup

120 ml Barbecuesauce

100 g Hörnchennudeln

2 Scheiben Scheiblettenkäse

230 g geriebener Cheddar

240 ml Milch

Käsecracker, Krautsalat, Gurkenscheiben und Weißbrot

4 Zwei weitere lange Stücke Alufolie aufeinanderlegen. Die Rippchen mittig darauflegen. Die Rippchen mit der restlichen Gewürzmischung aus der größeren Schüssel bestreuen und rundum damit einreiben. Das Fleisch fest in die Folie wickeln und das Päckchen ebenfalls auf das Backblech legen.

5 Rinderbrust und Rippchen 1½ Stunden im Ofen backen.

6 **In der Zwischenzeit für die Beilagen:** Sechs quadratische Stücke Alufolie (20 x 20 cm) vorbereiten. Jeweils zwei Blätter aufeinanderlegen und zu einer Schale formen.

7 Blattkohl, Knoblauch und Beef Jerky in eine Aluschale legen, mit Salz und Pfeffer würzen. 240 Milliliter Wasser angießen und die Schale oben fest verschließen. Bohnen, Ketchup, Barbecuesauce sowie die Gewürzmischung aus der kleineren Schüssel verrühren und in die zweite Aluschale geben. Auch diese oben fest verschließen. In die dritte Aluschale Nudeln und Käse geben; salzen und pfeffern. Die Milch darübergießen und die Schale oben wiederum fest verschließen.

8 Das Blech aus dem Ofen nehmen. Die drei verschlossenen Alufolienschalen auf das Fleisch legen und alles für weitere 1½ Stunden im Ofen backen.

9 Die Alufolienpäckchen auf die Arbeitsfläche legen und vorsichtig öffnen, damit Dampf entweichen kann. Nudeln und Käse umrühren und mit zerkrümelten Käsecrackern bestreuen. Bohnen und Blattkohl ebenfalls umrühren. Die Seiten der Alufolienpäckchen nach unten falten, sodass die Päckchen wie Servierschüsseln aussehen.

10 Die Rippchen auf ein Schneidbrett legen, die Folie entsorgen. Das Fleisch mit der Barbecuesauce bestreichen und in einzelne Rippchen teilen. Wieder auf das Backblech legen.

11 Die Rinderbrust mit Folie auf das Schneidbrett legen. Die Folie vorsichtig auseinanderfalten, die Flüssigkeit aus dem Päckchen gießen und die Folie entsorgen. Das Fleisch in 2½ Zentimeter dicke Scheiben schneiden und ebenfalls wieder auf das Backblech legen. Die Alufolienpäckchen mit den Beilagen danebenlegen. Krautsalat, Gurkenscheiben und Weißbrot dazwischen anrichten und alles sofort servieren.

PIZZA on PIZZA

Was hat der Pizza immer gefehlt? Ganz klar: noch mehr Pizza! Hier wird die Pfannenpizza zur Party, weil sie nicht nur aus einer, auch nicht aus zwei, nein aus DREI Schichten besteht. Pizzateig, Tomatensauce, Käse und Peperoni bilden die Basis, Pizza-Brötchen ergeben den Rand, und gefüllt wird das Ganze mit Bagels. Mehr *over the top* geht nun wirklich nicht.

4 PORTIONEN

225 g zimmerwarmer Pizzateig aus dem Kühlregal

2 EL Pflanzenöl

225 g Pizzasauce aus dem Glas bzw. der Dose

340 g geriebener Mozzarella

12 Peperonischeiben

1 Packung TK-Pizza-Brötchen (ca. 200 g)

1 Packung TK-(Pizza-)Bagels (ca. 200 g)

1 Den Backofen auf 260 °C vorheizen und einen Ofenrost in der Mitte in den Backofen schieben. Eine gusseiserne Pfanne (30 cm Ø; alternativ ein kreisrundes Pizzablech) auf den Ofenrost stellen und ebenfalls vorheizen.

2 Den Pizzateig zu einem Kreis mit einem Durchmesser von etwa 30 Zentimetern auseinanderziehen. Die Pfanne aus dem Ofen nehmen und das Öl hineingeben. Dieses in der Pfanne schwenken, damit es den Pfannenboden gleichmäßig bedeckt. Den Teigkreis in die Pfanne legen, dabei bei Bedarf noch etwas auseinanderziehen. Den Teig mit der Pizzasauce bestreichen, dabei einen 2½ Zentimeter breiten Rand frei lassen. Pizzasauce und frei gelassenen Rand mit Käse bestreuen. Die Peperonischeiben darauf verteilen, dabei den Rand wiederum frei lassen. Diesen mit den Pizza-Brötchen belegen und 4 (Pizza-)Bagels auf dem Pizzaboden verteilen.

3 Die Ofentemperatur auf 175 °C reduzieren und die Pizza etwa 15 Minuten im Ofen backen, bis der Käse geschmolzen und der Rand goldbraun und knusprig ist. Die Pizza aus dem Ofen nehmen und rund 5 Minuten in der Pfanne abkühlen lassen. Auf ein Schneidbrett gleiten lassen, in 4 Stücke schneiden und servieren.

Waffel-Sandwich
MIT HUHN & AHORNSIRUP

4 PORTIONEN

Für die Marinade
480 ml Milch

Saft von 1 Zitrone

1 TL Meer- oder Steinsalz

1 TL schwarzer Pfeffer, frisch gemahlen

½ TL Cayennepfeffer

4 Hähnchenkeulen ohne Knochen und ohne Haut (ca. 450 g)

Für den Ahornknusper
225 g Zucker

120 ml Ahornsirup

1 EL Natron

Meersalzflocken und Cayennepfeffer

Für das Backhähnchen
220 g Mehl

1 EL Knoblauchpulver

1 EL getrockneter Oregano

1 EL Meer- oder Steinsalz

2 TL schwarzer Pfeffer, frisch gemahlen

1½ TL Cayennepfeffer

2 l Pflanzenöl

Für das Sandwich
8 TK-Waffeln, aufgetaut

4 EL Butter

3 EL Ahornsirup

¼ TL Cayennepfeffer

Was dieses Sandwich so außergewöhnlich macht, ist nicht das zart marinierte Huhn, das sich in ein extraknusprig paniertes Backhähnchen verwandelt. Es ist auch nicht die Ahornbutter, die über das Hähnchen rinnt und sich in den Mulden der goldbraunen Waffeln sammelt. Nein, es ist der süß-salzig-scharfe Ahornknusper, der auf all das draufgesetzt *(got it?)* wird. Der übrigens hält sich in einem luftdicht verschlossenen Behälter … nein, Quatsch, der hält sich natürlich nicht, der wird gleich weggesnackt.

1 Für die Marinade: In einer großen Schüssel Milch, Zitronensaft, Salz, schwarzen Pfeffer und Cayennepfeffer verrühren. Die Hähnchenkeulen hineinlegen und die Schüssel fest mit Klarsichtfolie bedecken. In den Kühlschrank stellen und das Fleisch mindestens 1 Stunde oder bis zu 24 Stunden in der Milchmischung marinieren.

2 In der Zwischenzeit für den Ahornknusper: Ein tiefes Backblech mit einer Backmatte aus Silikon oder mit Backpapier belegen. In einem mittelgroßen Topf Zucker und Ahornsirup mit 60 Milliliter Wasser verrühren und ein Zuckerthermometer am Rand des Topfs befestigen. Die Mischung bei hoher Temperatur zum Kochen bringen, dabei nicht umrühren – der Zucker wird sich in der Flüssigkeit auflösen. Sobald die Mischung eine Temperatur von 150 °C erreicht hat, den Topf vom Herd nehmen und rasch das Natron unter die Zuckermischung rühren. Wenn diese Blasen wirft und aufgeht, mit einem Spatel auf dem vorbereiteten Backblech verteilen. Sofort mit Meersalzflocken sowie Cayennepfeffer bestreuen und anschließend in etwa 1 Stunde vollständig abkühlen lassen. Dann in mundgerechte Stücke brechen. (Und in echt jetzt: Der Ahornknusper hält sich in einem luftdicht verschlossenen Behälter bei Zimmertemperatur bis zu 1 Woche.)

3 Für das Backhähnchen: In einer mittelgroßen Schüssel Mehl, Knoblauchpulver, Oregano, Salz, schwarzen Pfeffer und Cayennepfeffer verrühren.

Fortsetzung ➜

4 Das Öl in einem Schmortopf oder einem anderen großen Topf bei mittlerer bis hoher Temperatur mithilfe eines Küchenthermometers auf 175 °C erhitzen.

5 Die Hähnchenkeulen nacheinander mit einer Zange aus der Marinade nehmen und in der Mehlmischung wenden. Wieder in die Marinade geben und anschließend erneut in der Mehlmischung wenden (dieses doppelte Panieren sorgt für die Extraknusprigkeit). Die Keulen ins heiße Öl geben und insgesamt 8 Minuten darin ausbacken, dabei nach 4 Minuten wenden. Das Backhähnchen sollte knusprig und goldbraun sein, und ein an der dicksten Stelle ins Fleisch gesteckte Küchenthermometer sollte 75 °C anzeigen. Die Backhähnchenteile auf einem mit Küchenpapier belegten Teller oder auf einem auf ein tiefes Backblech gelegten Ofenrost abtropfen lassen.

6 **Für das Sandwich:** Die Waffeln im Toaster rösten und paarweise auf vier Teller legen.

7 Butter und Ahornsirup in eine kleine, mikrowellengeeignete Schüssel geben und auf hoher Stufe etwa 30 Sekunden in der Mikrowelle erhitzen, bis die Butter geschmolzen ist. Cayennepfeffer unterrühren und beiseitestellen.

8 Auf 4 Waffeln jeweils 1 Backhähnchenkeule legen und mit der Ahornbutter beträufeln. Jeweils 1 weitere Waffel wie bei einem Sandwich darauflegen und wiederum mit Ahornbutter beträufeln. Mit dem Ahornknusper belegen und die Waffeln nach Belieben mit dekorativen Spießen fixieren. Sofort servieren.

Poke Bowl
MIT SUSHI-TOTS

Tater Tots sind unglaublich lecker, keine Frage. Wenn die kroketten-ähnlichen Röllchen aber statt aus Kartoffeln aus Sushireis zubereitet und frittiert werden ...? Dann sind sie schlicht *over the top!* Vor allem wenn sie auch noch gemeinsam mit Räucherlachs, Gurke, Avocado und einer Wasabi-Frischkäse-Sauce in eine Poke Bowl kommen – Poke ist ein Fischsalat aus Hawaii – und mit Seetang sowie Sesam-samen bestreut werden. Diese Bowl ist fast zu schön zum Essen!

1 Für die Tots: Den Sushireis nach Packungsanleitung garen. In einer großen Schüssel Reisessig, Zucker und Salz verrühren, dann den gegarten Reis dazugeben und alles gründlich vermengen. Bei-seitestellen und in etwa 1 Stunde vollständig abkühlen lassen. (Die Sushi-Tots gelingen am besten mit kaltem Reis.)

2 In der Zwischenzeit für die Wasabi-Frischkäse-Sauce: In einer kleinen Schüssel Frischkäse, Milch, Wasabi und Ingwer verrühren. Beiseitestellen.

3 Für die Bowl: Das Öl in einem Schmortopf oder einem anderen großen Topf bei mittlerer bis hoher Temperatur mithilfe eines Küchenthermometers auf 190 °C erhitzen.

4 Den Reis mit feuchten Händen zu etwa 2½ Zentimeter langen, krokettenähnlichen Zylindern formen und diese portionsweise im heißen Öl unter gelegentlichem Wenden in rund 3 Minuten gold-braun frittieren. Auf einem mit Küchenpapier belegten Teller ab-tropfen lassen und mit Salz bestreuen.

5 Die Sushi-Tots auf zwei Schalen verteilen. Lachs, Avocadowürfel und Gurkenstifte darauf anrichten und mit Seetangstreifen bestreu-en. Mit Tamari beträufeln und etwas Wasabi-Frischkäse-Sauce dazugeben. Mit Sesamsamen bestreut sofort servieren.

2 PORTIONEN

Für die Tots
370 g Sushireis

3 EL Reisessig

2 EL Zucker

1 TL Meer- oder Steinsalz

Für die Wasabi-Frischkäse-Sauce
60 g Doppelrahmfrischkäse

2 EL Milch

½ TL Wasabi

½ TL gemahlener Ingwer

Für die Bowl
2 l Pflanzenöl

Meer- oder Steinsalz

120 g Räucherlachs

½ Avocado, halbiert, entsteint, geschält und gewürfelt

½ Salatgurke, in streichholz-ähnliche Stifte geschnitten

2 Seetang-Snacks, in feine Streifen geschnitten

Tamari zum Beträufeln und Sesamsamen zum Bestreuen

Spiegelei-RAVIOLI

2 PORTIONEN

1 EL Meer- oder Steinsalz

24 runde Wantan-Blätter

125 g Ricotta

12 Eigelbe von Eiern Größe M

Meersalzflocken, frisch gemahlener schwarzer Pfeffer und Chilisauce zum Servieren

Na endlich: Hier kommen Ravioli, die genauso großartig aussehen – man denkt sofort an perfekt gebratene Sunny-side-up-Spiegeleier –, wie sie köstlich schmecken! Dafür etwas Ricotta auf ein rundes Wantan-Blatt geben, ein Eigelb – vorsichtig! – daraufsetzen, mit einem zweiten Wantan-Blatt belegen, verschließen und kochen. Als letzten Schliff geben wir gern noch einige Spritzer Chilisauce darüber, allerdings schmecken die Spiegelei-Ravioli auch ganz wunderbar mit einer Marinara- oder Sahnesauce.

1 Einen großen Topf mit Wasser füllen und dieses bei hoher Temperatur zum Kochen bringen. Das Salz hineingeben.

2 Die Hälfte der Wantan-Blätter auf die Arbeitsfläche legen. Auf jedes Blatt 4 Häufchen Ricotta à ½ Teelöffel geben, dabei einen etwa 1 Zentimeter breiten Rand sowie die Mitte zwischen den Ricottahäufchen frei lassen. In diese Mitte jeweils 1 Eigelb geben. Ricotta und Eigelbe mit jeweils 1 Prise Salz würzen.

3 Eine kleine Schüssel mit kaltem Wasser füllen. Mit dem Finger die Ränder der Wantan-Blätter befeuchten und die restlichen Wantan-Blätter auf die gefüllten Ravioli legen. Am Rand andrücken. Dabei darauf achten, dass die Eigelbe intakt bleiben.

4 Die Hälfte der Ravioli mithilfe eines Spinnensiebs oder Schaumlöffels vorsichtig ins kochende Wasser gleiten lassen. 3 bis 5 Minuten garen, bis der Teig durchsichtig ist und die Ravioli al dente sind. Auf einem mit Küchenpapier belegten Teller abtropfen lassen und den Vorgang mit den restlichen Ravioli wiederholen.

5 Die Ravioli auf einer Servierplatte oder einzelnen Tellern anrichten. Mit Meersalzflocken bestreuen und mit reichlich Pfeffer würzen. Mit Chilisauce beträufelt servieren.

Party-SALATPLATTE

Für die Gurken-vinaigrette

½ Salatgurke, geschält, längs halbiert und entkernt

2 EL Olivenöl

abgeriebene Schale und Saft von 1 Bio-Limette

2 EL Schnittlauchröllchen

2 EL Petersilienblätter

1 TL Dijonsenf

1 TL Meer- oder Steinsalz

Für das Brombeer-dressing

225 g frische Brombeeren

60 g griechischer Joghurt natur

60 ml Olivenöl

60 ml Weißweinessig

1 EL Honig

1 TL Meer- oder Steinsalz

2 EL Basilikum, gehackt

Diese Salatplatte, die sich nicht entscheiden kann, ob sie nun lieber eine Käseplatte oder ein Salat ist, eignet sich ganz hervorragend als wahrlich imposanter Auftakt einer Dinner Party. Die Dressings können zur Stressreduzierung bis zu 2 Tage im Voraus zubereitet und im Kühlschrank aufbewahrt werden. Die Salatzutaten lassen sich je nach Größe der Gästeschar nach oben oder unten anpassen. Als Fläche zum Anrichten bietet sich ein großes Brett oder gleich der saubere Serviertisch an, über den sich die Zutaten und die Dressings in Schälchen schlängeln. Die Gäste müssen dann nur noch dem köstlichen Pfad folgen und können sich ihren Traumsalat selbst zusammenstellen.

1 Für die Gurkenvinaigrette: Gurke, Olivenöl, Limettenschale und Limettensaft, Schnittlauchröllchen, Petersilie, Senf sowie Salz in den Mixer geben und auf hoher Stufe in etwa 1 Minute glatt mixen. In eine Servierschale füllen und beiseitestellen. Den Mixer reinigen.

2 Für das Brombeerdressing: Brombeeren, Joghurt, Olivenöl, Essig, Honig sowie Salz in den Mixer geben und auf hoher Stufe in etwa 1 Minute glatt mixen. In eine Servierschale füllen, das Basilikum unterrühren und beiseitestellen.

3 Für die Salatplatte: Die Salatblätter in einer gewundenen »Straße« auf einer großen Servierfläche anrichten. Die Schälchen mit den Dressings in jeweils eine »Straßenbiegung« stellen. Käse, Artischockenherzen, Oliven, Zwiebeln, Trauben, Apfelscheiben, Sellerie, Tamari-Mandeln sowie Käsestangen auf dem Salat anrichten und servieren, d. h. die Gäste bitten, sich selbst zu bedienen.

Für die Salatplatte

Radicchioblätter

Kopfsalatblätter

Blauschimmelkäse

Gouda

eingelegte Artischockenherzen

Oliven, entsteint

rote Zwiebeln, eingelegt

kernlose Trauben

Apfelscheiben

Stangensellerie, in feine Ringe geschnitten

Tamari-Mandeln

Käsestangen

FISCH AUS DEM OFEN MIT *Chili Crisp*

Irgendetwas mit brutzelndem heißem Öl zu beträufeln ist schon kaum zu toppen, doch wenn das Irgendetwas auch noch ein ganzer Fisch und das Öl ein Chili Crisp ist, dann ist das *garantiert* nicht mehr zu toppen. Chili Crisp ist ein chinesisches Würzmittel, das aus knusprig gebratenen Schalotten und Knoblauch, scharfem Chili und allerlei salzig-pikanten Noten sowie jeder Menge Öl besteht. Und jetzt noch für alle, die Angst vor ganzen Fischen in der Küche haben: Das Garen im Ofen ist wirklich supereinfach und gelingt praktisch immer, da das Fleisch auch dann noch saftig bleibt, wenn der Fisch vielleicht einen Tick zu lange im Ofen war. Auf 1 Portion heruntergebrochen haben wir das Ganze auch noch *(siehe S. 96)* – und die kann selbstverständlich verdoppelt werden, solltest du keine Lust haben, allein zu essen.

1 **Für den Fisch:** Den Backofen auf 200 °C vorheizen und einen Ofenrost in der Mitte in den Backofen schieben. Ein tiefes Backblech mit Backpapier belegen.

2 Den Fisch auf das vorbereitete Backblech legen und innen sowie außen kräftig mit Salz würzen. Die Knoblauchzehen innen ans Rückgrat des Fischs legen, anschließend den Rest der Bauchhöhle mit Orangen-, Zitronen- und Limettenscheiben füllen.

3 Den Fisch 30 Minuten im Ofen garen, bis ein in der Nähe des Kopfs ins Fleisch gestecktes Küchenthermometer 58 °C anzeigt.

4 **In der Zwischenzeit für das Chili Crisp:** Schalotte, Knoblauch, Zimt, Sternanis, Kardamom, schwarze Pfefferkörner und Erdnussöl in einen kleinen Topf geben. Bei niedriger Temperatur erhitzen und unter gelegentlichem Rühren etwa 20 Minuten braten, bis Schalotte sowie Knoblauch knusprig braun sind. Das Öl durch ein feinmaschiges Sieb in eine mittelgroße Schüssel abseihen; anschließend wieder in den Topf geben und bei hoher Temperatur erhitzen. Zimtstangen und Sternanis aus dem Sieb fischen, die restlichen Gewürze in die mittelgroße Schüssel geben. Erdnüsse, Aleppo-Pfeffer, Chiliflocken, helle und schwarze Sesamsamen, Zucker, Salz sowie Noristreifen dazugeben und alles gründlich verrühren. Das Öl über die Gewürze gießen (Achtung, es brutzelt). Beiseitestellen.

5 Den Fisch auf eine Servierplatte legen und mit Minze- sowie Korianderblättern bestreuen. Das Chili Crisp um den Fisch herum auf der Platte anrichten und sofort servieren.

4 PORTIONEN

Für den Fisch

1 ganzer küchenfertiger Red Snapper oder Roter Schnapper (1,4–1,8 kg)

Meer- oder Steinsalz

4 Knoblauchzehen, zerdrückt und abgezogen

1 Bio-Orange, in ca. 1 cm dicke Scheiben geschnitten und entkernt

1 Bio-Zitrone, in ca. 1 cm dicke Scheiben geschnitten und entkernt

1 Bio-Limette, in ca. 1 cm dicke Scheiben geschnitten und entkernt

Für das Chili Crisp

1 kleine Schalotte, abgezogen, halbiert und in feine Scheiben geschnitten

6 Knoblauchzehen, abgezogen und in feine Scheiben geschnitten

3 Zimtstangen

2 Sternanis

3 Kardamomkapseln, zerdrückt

1 EL schwarze Pfefferkörner

480 ml Erdnussöl

30 g Erdnüsse, gehackt

2 EL Aleppo-Pfeffer

1 EL Chiliflocken

1 EL helle Sesamsamen

1 EL schwarze Sesamsamen

1 EL Zucker

1 EL Meer- oder Steinsalz

1 Noriblatt, in feine Streifen geschnitten

frische Minze- und Korianderblätter, zerzupft, zum Garnieren

Fortsetzung ➜

FISCH MIT CHILI CRISP FÜR 1 PERSON

1 TK-Fischfilet (120–170 g),
z. B. Kabeljau oder Tilapia

1 TL Olivenöl

Meer- oder Steinsalz

schwarzer Pfeffer, frisch gemahlen

½ Bio-Zitrone, in ca. 1 cm dicke
Scheiben geschnitten und entkernt

Chili Crisp (siehe S. 95)

frische Minze- und Korianderblätter,
zerzupft, zum Garnieren

1 Den Backofen auf 230 °C vorheizen und einen Ofenrost in der Mitte in den Backofen schieben. Ein tiefes Backblech mit Backpapier belegen.

2 Das gefrorene Fischfilet unter kaltem Wasser abspülen, um eventuelle Eiskristalle zu entfernen. Trocken tupfen und auf beiden Seiten mit Öl bepinseln. Ebenfalls auf beiden Seiten salzen und pfeffern. Auf das vorbereitete Backblech legen und mit den Zitronenscheiben belegen.

3 Den Fisch 8 bis 12 Minuten im Ofen garen, bis ein an der dicksten Stelle ins Fleisch gestecktes Küchenthermometer 58 °C anzeigt. (In der Zwischenzeit das Chili Crisp zubereiten.)

4 Den Fisch auf einen Teller legen und mit Minze- sowie Korianderblättern bestreuen. Etwas Chili Crisp um den Fisch herum dazugeben. Das restliche Chili Crisp abkühlen lassen und in einen luftdicht verschließbaren Behälter füllen. Dort hält es sich im Kühlschrank bis zu 1 Monat.

So wird ein ganzer Fisch serviert

1 Mit einem Messer einen Schnitt zwischen Filet und Kopf und einen weiteren zwischen Filet und Schwanz setzen.

2 Vom Kopf aus bis zum Schwanz am Rückgrat entlangschneiden. Mithilfe des Messers und einer Gabel das Filet von der Gräten heben und mit der Hautseite nach unten auf einen Teller legen.

3 Mit Messer und Gabel das Rückgrat mitsamt Gräten, Schwanz und Kopf vom zweiten Filet heben und entsorgen.

4 Mit behandschuhten Fingern tasten, ob sich noch spürbare Gräten im Filet befinden. Diese herausziehen und ebenfalls entsorgen. Wer mag, legt das obere Filet wieder auf das untere, sodass der Fisch im Ganzen serviert wird. Er kann aber auch vor den Augen der Gäste filetiert werden.

LASAGNE-
Galette

Eine klassische Galette ist ein flacher (Pfann-)Kuchen aus Buchwei-
zenmehl, der über eine herzhafte Füllung geschlagen wird. Da wir das
Leben gerne leichter machen, verwenden wir statt Pfannkuchenteig
jedoch Nudeln, und – schwupps! – wird aus der Galette so etwas wie
eine Lasagne (»so etwas«, weil sich die gesamte Füllung in der Mitte
befindet, also nicht geschichtet wird). Die Füllung besteht aus Spinat,
Ricotta sowie Alfredo-Sauce, obendrauf kommen weitere Alfredo-
Sauce und Parmesan – fertig ist das Gipfeltreffen zwischen Frank-
reich und Italien, das köstlicher kaum sein könnte.

1 Den Backofen auf 190 °C vorheizen und einen Ofenrost in der
Mitte in den Backofen schieben. Ein tiefes Backblech mit Backpapier belegen.

2 **Für die Füllung:** In einer mittelgroßen Schüssel Spinat, Ricotta,
Alfredo-Sauce, Knoblauch, Salz, schwarzen Pfeffer und Chiliflocken
verrühren. Beiseitestellen.

3 **Für die Galette:** In einem großen Topf Salzwasser zum
Kochen bringen und die Lasagnenudeln nach Packungsanleitung
darin garen, sodass sie noch nicht al dente sind. Abgießen und
leicht abkühlen lassen.

4 Die Nudeln auf ein Schneidbrett legen und jedes Blatt je nach
Grundform quer oder längs halbieren. 4 Nudelstücke kreuzförmig
auf das vorbereitete Backblech legen. Mit 4 weiteren Nudelstücken
eine zweite Kreuzform legen, die die Zwischenräume der ersten
ausfüllt und diese leicht überlappt. Den Vorgang mit den restlichen
Nudelstücken wiederholen, sodass schließlich ein Kreis aus Nudel-
blättern entsteht.

Fortsetzung ➜

4 PORTIONEN

Für die Füllung

300 g TK-Spinat, aufgetaut
und ausgepresst

60 g Ricotta

60 Alfredo-Sauce im Glas

2 Knoblauchzehen,
abgezogen und in feine
Scheiben geschnitten

½ TL Meer- oder Steinsalz

¼ TL schwarzer Pfeffer,
frisch gemahlen

¼ TL Chiliflocken

Für die Galette

Meer- oder Steinsalz

8 Lasagnenudelblätter

125 g Ricotta

60 g Alfredo-Sauce im Glas

abgeriebene Schale von
½ Bio-Zitrone

schwarzer Pfeffer,
frisch gemahlen

Parmesan

5 Die Füllung in die Mitte des Kreises geben und mit einem Spatel gleichmäßig verteilen, dabei einen etwa 7½ Zentimeter breiten Rand frei lassen. Den Ricotta in 5 Portionen à 2 Esslöffel auf die Füllung setzen.

6 Den Rand des Nudelkreises mit etwas Alfredo-Sauce bestreichen. Anschließend den Rand über die Füllung schlagen und oben ebenfalls mit Sauce Alfredo bestreichen.

7 Die Zitronenschale über die Füllung streuen und großzügig mit Pfeffer würzen. Reichlich Parmesan darüberreiben.

8 Die Lasagne-Galette 20 bis 25 Minuten im Ofen überbacken, bis der Rand goldbraun ist. Rund 15 Minuten auf dem Blech abkühlen lassen, anschließend in Stücke schneiden und servieren.

Shepherd's Pie
MIT KARAMELLISIERTEN PEKANNÜSSEN

8 PORTIONEN

Für die Shepherd's Pie

2 EL Olivenöl

3 mittelgroße Karotten, in Würfel geschnitten

3 Stangen Sellerie, in Würfel geschnitten

1 kleine Schalotte, abgezogen und in Würfel geschnitten

3 Knoblauchzehen, abgezogen und fein gehackt

Meer- oder Steinsalz

schwarzer Pfeffer, frisch gemahlen

170 g Tomatenmark

960 ml Gemüsebrühe

200 g getrocknete braune Linsen

Für das Topping

Meer- oder Steinsalz

225 g Süßkartoffeln, geschält und in Würfel geschnitten

480 ml Milch

900 g Kartoffeln, vorzugsweise die Sorte Russet, geschält und in Würfel geschnitten

55 g ungeröstete und ungesalzene Pekannüsse

1 EL heller brauner Zucker

1 EL Ahornsirup

In diesem herzhaften vegetarischen Gericht ist für jeden Geschmack etwas dabei. Und da es obendrein noch wunderschön angerichtet wird, tut es auch den Augen nicht weh. Auf eine sehr würzige Gemüse-Linsen-Grundlage folgen orangefarbene Süßkartoffel- und weiße Kartoffelpüreewirbel. Für das *Over the Top*-Finish sorgen Reihen (oder Spiralen, wenn dir künstlerisch zumute ist) von Pekannüssen, denen der Ahornsirup noch einen süßen Akzent verleiht.

1 Für die Shepherd's Pie: Das Öl in einer gusseisernen Pfanne (30 cm Ø) bei mittlerer Temperatur erhitzen. Karotten, Sellerie, Schalotte und Knoblauch hineingeben und mit Salz sowie Pfeffer würzen. Das Gemüse unter gelegentlichem Rühren in rund 10 Minuten glasig dünsten.

2 Das Tomatenmark unterrühren und die Brühe angießen. Die Hitze auf hohe Temperatur erhöhen. Die Mischung zum Kochen bringen, anschließend die Linsen hinzufügen. Diese in weiteren rund 10 bis 15 Minuten gar kochen. Den Herd ausschalten und die Mischung abkühlen lassen.

3 Für das Topping: Den Backofen auf 175 °C vorheizen und einen Ofenrost in der Mitte in den Backofen schieben.

4 In einem großen Topf reichlich gesalzenes Wasser bei hoher Temperatur zum Kochen bringen. Die Süßkartoffeln hineingeben und rund 10 Minuten darin garen. Mit einem Schaumlöffel herausheben und in eine mittelgroße Schüssel füllen, das Wasser weiter kochen lassen. 120 Milliliter Milch und 1 großzügige Prise Salz zu den Süßkartoffeln geben und diese zerstampfen; beiseitestellen.

5 Nun die Kartoffeln ins kochende Wasser geben und ebenfalls rund 10 Minuten garen. Abgießen und in eine große Schüssel füllen. Die restliche Milch sowie 1 weitere großzügige Prise Salz hinzufügen und auch diese Kartoffeln zerstampfen.

6 Das weiße Kartoffelpüree mit einem Löffelrücken gleichmäßig auf der Linsenmischung in der Pfanne verteilen. Das Süßkartoffelpüree an willkürlichen Stellen daraufsetzen und mithilfe einer Gabel wirbelartig mit dem weißen Kartoffelpüree vermengen.

7 In einer kleinen Schüssel Pekannüsse, braunen Zucker, Ahornsirup und 1 Prise Salz verrühren. Die Nüsse in diagonalen Reihen auf dem Kartoffelpüree verteilen. Die Pfanne in den Ofen stellen und die Shepherd's Pie 15 bis 20 Minuten überbacken, bis Kartoffelpüree und Pekannüsse zu bräunen beginnen. Sofort servieren.

FESTTAGSSCHINKEN IM TEIGMANTEL MIT Cidresauce

Keine Ahnung, wer zuerst auf die Idee kam, Schinken an Weihnachten mit Ananas und Maraschinokirschen zu bespicken – außer Frage steht hingegen, dass die Kombi die ultimative *Over the Top*-Deko ist. Bei diesem im allerbesten Sinn rundum altmodischen Gericht wird ein Schinken in Hörnchenteig aus dem Kühlregal gewickelt, der sich im Ofen in ein knuspriges, goldbraunes kleines Wunder verwandelt. Den perfekten Akzent auf den Schinken setzt ein Löffel voll herrlich säuerliche Cidresauce. Die echten Stars jedoch, und das wissen wir alle, sind die gelben und roten Kreise auf dem Teigmantel. Schlichte Zahnstocher zum Fixieren tun's hier übrigens nicht, es darf schon etwas extravaganter sein.

1 Für den Schinken: Den Backofen auf 175 °C vorheizen und einen Ofenrost in der Mitte in den Backofen schieben. Ein Backblech mit Backpapier belegen.

2 In einer kleinen Schüssel Zucker und Senf verrühren.

3 Den Schinken oben kreuzweise einschneiden; die Schnitte sollten ½ Zentimeter tief sein und im Abstand von etwa 2½ Zentimetern gesetzt werden. Anschließend den Schinken rundum mit der Zucker-Senf-Mischung bestreichen. Auf das vorbereitete Backblech legen und etwa 20 Minuten im Ofen backen, bis der Schinken außen goldfarben ist und ein an der dicksten Stelle ins Fleisch gestecktes Küchenthermometer 70 °C anzeigt.

4 Den Hörnchenteig als durchgehende Fläche auf die Arbeitsfläche legen. Das Backblech aus dem Ofen nehmen (den Ofen eingeschaltet lassen) und den Schinken mit einer Zange mittig auf den Teig legen. In den Teig wickeln und mit dem verquirlten Ei bestreichen. Weitere rund 20 Minuten im Ofen backen, bis der Teigmantel goldbraun ist.

5 In der Zwischenzeit für die Cidresauce: Cidre, Apfelessig, Honig, Senf sowie Chilipulver in einen mittelgroßen Topf geben und die Mischung bei mittlerer bis hoher Temperatur zum Kochen bringen. Die Hitze auf mittlere bis niedrige Temperatur reduzieren und die Mischung etwa 10 Minuten weiterköcheln lassen, bis die Sauce leicht einreduziert und eingedickt ist.

6 Den Schinken auf eine Servierplatte legen. Ananasscheiben und Maraschinokirschen darauflegen und mit extravaganten Zahnstochern fixieren. Die Cidresauce in eine Sauciere füllen und zum Schinken dazu reichen.

4 PORTIONEN

Für den Schinken
50 g heller brauner Zucker

60 g Dijonsenf

1 geräucherter Schinken ohne Knochen (675–900 g)

1 Packung Hörnchenteig aus dem Kühlregal (225 g)

1 Ei, verquirlt

Für die Cidresauce
240 ml Cidre

80 ml Apfelessig

115 g Honig

1 EL Dijonsenf

1 TL Chilipulver

Ananasscheiben und Maraschinokirschen zum Garnieren

Süße TRÄUME

Funnel Cake
MIT BANANENSPLIT

Im Grunde ist das Bananensplit ja ohnehin schon die Drag Queen unter den Eisbechern, doch das kann tatsächlich noch getoppt werden: durch einen ganzen Funnel Cake als Basis für das Bananensplit. So entsteht eine Eisbechererfahrung, von der du noch nicht einmal wusstest, dass du sie unbedingt machen musst. Der Funnel Cake (»Trichterkuchen«) ist ein Schmalzgebäck, bei dem Teig kreisförmig in heißes Öl gegossen und goldbraun frittiert wird. Wir machen's uns wieder mal leicht und verwenden für den Teig eine Pfannkuchenmischung. Danach ist deine Fantasie gefragt: Du kannst das Eis himmelhoch auf den Funnel Cake türmen oder den Ball gewissermaßen flach halten und die Sahne die ganze Arbeit machen lassen. Vielleicht fällt dir dazu aber auch noch etwas *ganz* anderes ein ...

2 PORTIONEN

60 g Pfannkuchenmischung
1 EL Zucker
1 TL Vanilleextrakt
360 ml Pflanzenöl

Zum Servieren
Eiscreme nach Wahl
1 Banane
Schokoladensauce
Karamellsauce
Erdbeersauce
bunte Zuckerstreusel
Schlagsahne
Maraschinokirschen

1 In einer mittelgroßen Schüssel Pfannkuchenmischung, Zucker und Vanilleextrakt mit 60 Milliliter Wasser verrühren. Die Mischung in einen kleinen Zipbeutel füllen.

2 Das Öl in einer kleinen Pfanne bei mittlerer Temperatur erhitzen. Den Stiel eines Holzlöffels hineintauchen: Bilden sich schnell Ölbläschen daran, ist die Temperatur des Öls genau richtig.

3 Eine Ecke des Zipbeutels abschneiden und den Teig vorsichtig, aber zügig kreisförmig in die Pfanne drücken. Etwa 2 Minuten im heißen Öl frittieren, bis der Boden des Funnel Cake goldbraun ist, dann das Gebäck mithilfe einer Zange wenden und weitere 2 Minuten frittieren, bis auch die andere Seite goldbraun ist. Mit der Zange herausnehmen und auf einem Ofenrost über Küchenpapier abkühlen lassen.

4 Den Funnel Cake auf einen großen Teller legen und Eiscreme daraufgeben. Die Banane schälen, längs halbieren und neben das Eis legen. Großzügig mit Schokoladen-, Karamell- und Erdbeersauce beträufeln und mit Zuckerstreuseln bestreuen. Etwas Schlagsahne daraufgeben und mit Maraschinokirschen garnieren. Mit zwei Löffeln sofort servieren.

Zitronenschnitten
MIT BAISER

12 SCHNITTEN

Für den Boden

Antihaft-Kochspray

400 g Graham Cracker

150 g heller brauner Zucker

225 g Butter, zerlassen

Für die Zitronencreme

2 Packungen Götterspeisenmischung mit Zitronen-
geschmack (à 85 g)

1 Packung Schlagcreme (225 g)

Für die Baisers

Antihaft-Kochspray

6 zimmerwarme Eiweiß von
Eiern Größe L

115 g Zucker

½ TL Weinsteinpulver

Diesen Klassiker kennst du vielleicht in Kuchenform, wir haben köstliche Schnitten daraus gemacht. Der Boden aus Graham Crackern und der Belag aus Zitronencreme sind schnell gemacht, sie halten sich bis zu 24 Stunden im Kühlschrank, sodass sich dieses Dessert ganz lässig im Voraus vorbereiten lässt. Dann ist es an der Zeit für Kreativität, der du beim Formen der Baisers freien Lauf lassen kannst. Rasch in den Ofen, und sie bekommen verführerische gold-braune Spitzen. Und schließlich ab mit ihnen auf die Zitronenschnitten – nun steht dem sauer-süß-knusprig-cremigen Genuss nichts mehr im Weg!

1 Für den Boden: Eine Backform (23 x 33 cm) mit Klarsichtfolie auskleiden. Ein Stück Backpapier (23 x 43 cm) zurechtschneiden und so auf die Klarsichtfolie legen, dass es auf den beiden langen Seiten jeweils 5 Zentimeter übersteht. Mit Antihaft-Kochspray einsprühen.

2 Die Graham Cracker in Stücke brechen und in die Küchenmaschine geben. Den braunen Zucker hinzufügen und die Mischung in etwa 2 Minuten zu feinen Bröseln verarbeiten. Die zerlassene Butter dazugießen und die Mischung in weiteren 30 Sekunden zur Konsistenz von feuchtem Sand mixen.

3 Die Mischung in die vorbereitete Backform füllen und gleichmäßig auf dem Boden verteilen. Beiseitestellen.

4 Für die Zitronencreme: Die Götterspeisenmischung in eine mittelgroße Schüssel geben. 240 Milliliter kochendes Wasser dazugießen und so lange rühren, bis sich die Mischung vollständig aufgelöst hat. Die Schlagcreme unterrühren. Anschließend die Zitronencreme gleichmäßig auf dem Graham-Cracker-Boden verteilen. Locker mit Klarsichtfolie bedecken und für mindestens 2 Stunden oder bis zu 24 Stunden in den Kühlschrank stellen.

Fortsetzung →

5 Für die Baisers: Den Backofen auf 190 °C vorheizen und jeweils einen Ofenrost ins obere und untere Drittel des Backofens schieben. Zwei tiefe Backbleche mit Backmatten aus Silikon oder Backpapier belegen. Mit Antihaft-Kochspray einsprühen.

6 Das Eiweiß in einer großen Schüssel mit dem elektrischen Handrührgerät auf niedriger Stufe schaumig schlagen. Nach und nach auf hohe Stufe schalten und das Eiweiß halb steif schlagen. Zucker sowie Weinsteinpulver dazugeben und das Eiweiß ganz steif schlagen. In einen Spritzbeutel mit großer Loch- oder Sterntülle füllen, je nachdem, ob die Baisers glatt sein sollen oder nicht (zum Spritzbeutel siehe außerdem S. 35).

7 Den Eischnee kreisförmig in verschiedenen Größen (1–5 cm Ø) auf die vorbereiteten Backbleche spritzen. Die Baisers im Ofen in rund 10 Minuten stellenweise goldbraun backen, dabei nach der Hälfte der Backzeit die Bleche tauschen. Anschließend 10 Minuten auf den Blechen abkühlen lassen.

8 Die Backform mit den Zitronenschnitten aus dem Kühlschrank nehmen und mit einem Messer am Rand der Form entlangfahren. Die Schnitten mithilfe des überstehenden Backpapiers aus der Form heben und auf ein Schneidbrett legen. Die Baisers mit einer Winkelpalette von den Backblechen nehmen und auf die Zitronencreme setzen. Den »Kuchen« in 12 Schnitten schneiden und diese direkt vom Schneidbrett servieren.

Riesen-LAVAKUCHEN

Solltest du dich je gefragt haben, was du einem Lavakuchenfan zum Geburtstag schenken kannst, haben wir hier eine Idee für dich: einen Riesen-Lavakuchen! Er ist extravagant, er ist megaüppig und er ist definitiv *over the top*. Außerdem ist er noch geradezu lächerlich einfach zuzubereiten. Schokokuchenmischung in einer Gugelhupfform – haben wir. In Sahne geschmolzene dunkle Schokolade – haben wir. Kakaopulver und Deko auf dem Kuchen – haben wir. Große Lust, sofort in den Kuchen zu beißen – haben wir auch. Dieses einfache Dessert eignet sich hervorragend für Geburtstags- oder andere Feste oder als großes Finale für ein tolles Dinner.

1 Den Backofen auf 175 °C vorheizen und einen Ofenrost in der Mitte in den Backofen schieben. Eine Gugelhupfform mit Antihaft-Kochspray einsprühen.

2 Den Schokoladenkuchenteig nach Packungsanleitung zubereiten und anschließend in die vorbereitete Gugelhupfform füllen. Den Kuchen 35 bis 45 Minuten im Ofen backen, bis an einem in der Mitte hineingesteckten Holzspieß kein Teig mehr hängen bleibt. Beiseitestellen und den Kuchen in der Form abkühlen lassen.

3 Die Schokolade in eine mittelgroße Schüssel geben. Die Sahne in einem kleinen Topf bei mittlerer bis hoher Temperatur 3 bis 5 Minuten erhitzen, bis sie fast kocht. Über die Schokolade in der Schüssel gießen und verrühren, bis die Schokolade geschmolzen und eine glatte Mischung entstanden ist.

4 Den Kuchen auf einen großen Teller, vorzugsweise mit Rand für die Lava, stürzen. Die geschmolzene Schokolade in die Mitte des Gugelhupfs gießen, bis sie seitlich überläuft. Den Kuchen mit Kakaopulver bestäuben und mit Wunderkerzen, Geburtstagskerzen, Spießchen oder Ähnlichem dekorieren. Sofort servieren.

8 STÜCKE

Antihaft-Kochspray

1 Packung Schokoladenkuchenmischung + die auf der Packung angegebenen restlichen Zutaten

450 g Zartbitterschokolade, gehackt

480 g Sahne

ungesüßtes Kakaopulver zum Bestäuben

Wunderkerzen, Geburtstagskerzen und/oder dekorative Spießchen zum Servieren

DREI-SCHICHTEN-
Zauberkuchen

9 QUADRATE

Antihaft-Kochspray

4 zimmerwarme Eier (Größe L), getrennt

225 g Zucker

115 g Butter, zerlassen

85 g Mehl

480 ml Milch

1 Päckchen ungesüßtes lösliches Getränkepulver, z. B. Kool-Aid, in einer beliebigen Farbe

Für die Glasur

480 g Sahne

80 g Blaubeermarmelade

bunte Zuckerstreusel zum Bestreuen

Hier werden aus einem sehr flüssigen Teig irgendwie drei klar voneinander getrennte Schichten. Das hat irgendetwas mit dem Ofen und dem Raum-Zeit-Kontinuum zu tun, frag uns nicht. Was letztlich dabei herauskommt, ist allerdings pure Magie: Die untere Schicht ist fast Götterspeise, die mittlere Schicht eine wackelige Creme und die obere Schicht ein weicher Kuchen. Der könnte in einem schlichten hellen Farbton gehalten sein, aber dieses Buch heißt nicht *Schlicht.* Also her mit dem löslichen Getränkepulver in deiner Lieblingsfarbe und -geschmacksrichtung, und Abrakadabra steht ein leuchtender, nicht zu süßer Kuchen auf dem Tisch, mit dem man sogar in Hogwarts Eindruck schinden könnte.

1 Den Backofen auf 160 °C vorheizen und einen Ofenrost in der Mitte in den Backofen schieben. Eine quadratische Backform (20 x 20 cm) mit einem Stück Backpapier (20 x 30 cm) auskleiden, dabei auf zwei Seiten einen jeweils 5 Zentimeter breiten Rand überstehen lassen. Mit Antihaft-Kochspray einsprühen.

2 In einer großen Schüssel Eigelbe und Zucker mit dem elektrischen Handrührgerät zunächst auf niedriger Stufe und allmählich auf hoher Stufe (um Spritzer zu vermeiden) schaumig rühren. Die zerlassene Butter sowie das Mehl hinzufügen und unterrühren. Milch und Getränkepulver ebenfalls unterrühren.

3 Die Rührbesen gründlich mit heißem Wasser und Spülmittel reinigen, da selbst kleine Spuren von Fett verhindern, dass das Eiweiß steif wird. Letzteres anschließend in einer mittelgroßen Schüssel mit dem elektrischen Handrührgerät zu steifem Eischnee verarbeiten. Zunächst ein Viertel des Eischnees mit einem Spatel unter den Teig heben, dann den restlichen Eischnee unterheben. Der Teig wird vergleichsweise flüssig sein.

4 Den Teig in die vorbereitete Backform füllen und 50 bis 60 Minuten im Ofen backen, bis an einem in der Mitte hineingesteckten Holzspieß kein Teig mehr hängen bleibt. Der Kuchen anschließend in der Form in etwa 1 Stunde vollständig abkühlen lassen. Mithilfe des überstehenden Backpapiers aus der Form heben und auf einen Servierteller legen. Das überstehende Backpapier mit einer Schere abschneiden.

5 **Für die Glasur:** Die Sahne in einer mittelgroßen Schüssel mit dem elektrischen Handrührgerät steif schlagen; dabei auf niedriger Stufe beginnen und sich allmählich auf hohe Stufe vorarbeiten. Die Marmelade dazugeben und unterrühren. Die Glasur gleichmäßig auf dem Kuchen verteilen und mit einer Winkelpalette oder einem Buttermesser kleine Spitzen formen. Mit Zuckerstreuseln bestreuen und in 9 Quadrate schneiden. Sofort servieren.

BROWNIE-
Eiscreme-
Sandwiches

Brownies, Eiscreme, Schokoriegel – warum wählen müssen?! Diese Brownie-Eiscreme-Sandwiches mit einer fast unanständigen Menge an Schokolade widmen wir all denjenigen, die von Schokolade einfach nicht genug bekommen können. Hier werden Backmischungs-Brownies (wieder mal getreu dem Motto: Vereinfache dein Leben) mit gehackten Schokoriegeln gepimpt, halbiert, mit Schokoriegel-Eiscreme gefüllt und mit Schokolade überzogen. Für Farbe sorgen dann abschließend bunte Zuckerstreusel, essbarer Glitzer oder welche Deko auch immer dein Herz begehrt. Wirklich: sehr cool!

8 SANDWICHES

Antihaft-Kochspray

1 Packung Brownies-Back-mischung + die auf der Packung angegebenen restlichen Zutaten

8 Mini-Schokoriegel, halbiert und in dünne Scheiben geschnitten

1½ l Schokoriegel-Eiscreme

220 ml Schokoladensauce

bunte Zuckerstreusel, essbarer Glitzer und/oder kleine Süßig-keiten zum Bestreuen

1 Den Backofen auf 175 °C vorheizen und einen Ofenrost in der Mitte in den Backofen schieben. Eine quadratische Backform (20 x 20 cm) mit Antihaft-Kochspray einsprühen.

2 Den Brownieteig nach Packungsanleitung zubereiten und die Mini-Schokoriegel unterrühren. Den Teig in die vorbereitete Back-form füllen und etwa 40 Minuten im Ofen backen (durch die Scho-koriegel ist die Backzeit länger als auf der Packung angegeben), bis an einem in der Mitte hineingesteckten Holzspieß kein Teig mehr hängen bleibt (wegen der Schokoriegelstückchen am besten an mehreren Stellen testen). Die Brownies in der Form vollständig abkühlen lassen. Anschließend aus der Form nehmen, fest in Klar-sichtfolie wickeln und für 1 Stunde ins Gefrierfach legen.

3 Die Backform säubern und mit einem Stück Backpapier (20 x 25 cm) belegen, dabei auf zwei Seiten 2½ Zentimeter Back-papier überstehen lassen. Die Eiscreme aus dem Gefrierfach neh-men und etwa 5 Minuten antauen lassen. Die Brownies waagerecht halbieren, sodass zwei 20 Zentimeter große quadratische Stücke entstehen. Die untere Hälfte in die vorbereitete Backform legen. Die Eiscreme daraufgeben und mit einem Spatel gleichmäßig ver-teilen. Die obere Browniehälfte drauflegen. Die Form mit Klarsicht-folie bedecken und für 1 Stunde ins Gefrierfach stellen.

4 Das Eiscreme-Sandwich mithilfe des überstehenden Back-papiers aus der Form heben und auf ein Schneidbrett legen. Zu-nächst längs und dann noch einmal quer halbieren, sodass sich vier gleich große Quadrate ergeben. Die Quadrate anschließend noch einmal halbieren, das ergibt insgesamt 8 rechteckige Eiscreme-Sandwiches. Diese in gleichmäßigen Abständen auf ein Backblech legen und mit der Schokoladensauce begießen; die Sauce darf dabei ruhig an den Seiten herunterlaufen. Die Sandwiches mit den Toppings bestreuen, solange die Schokoladensauce noch nicht fest ist, und bis zum Servieren ins Gefrierfach legen.

PARTY-*Krispies*

9 STÜCKE

Antihaft-Kochspray

4 EL Butter

280 g Mini-Marshmallows

150 g Fruity-Crisp-Rice-Cereal

weiße Chocolate Chips, Peanut Butter Chips (Erdnussbutter-splitter), bunte Zuckerstreusel, Fruity-Crisp-Rice-Cereal, Schokoladenkekse mit Creme-füllung, zerkrümelt, und Salz-brezeln zum Garnieren

Rice Krispies Treats sind in Sachen Dessert schon ziemlich *over the top*. Kann man da noch einen draufsetzen? Man kann: indem man alles Mögliche ... äh ... eben oben draufsetzt, beispielsweise Choco-late Chips, Zuckerstreusel, Cereal, Kekse und Salzbrezeln. Wofür ge-nau du dich entscheidest, bleibt dir überlassen, Hauptsache, die Krispies sind hinterher schön bunt und möglichst abwechslungsreich in Konsistenz und Geschmack.

1 Eine Backform (23 x 33 cm) mit Antihaft-Kochspray einsprühen.

2 Die Butter in einem großen Schmortopf bei niedriger Tempera-tur zerlassen; sie darf nicht schäumen, da sonst die Marshmallows anbrennen. Die Marshmallows hinzufügen und unter häufigem Rüh-ren vollständig schmelzen lassen. Den Topf vom Herd nehmen und das Cereal hineingeben. Dieses gründlich in den geschmolzenen Marshmallows wenden.

3 Einen Silikonspatel mit Antihaft-Kochspray einfetten und damit die Cerealmischung in die vorbereitete Backform füllen. In einer gleichmäßigen Schicht darin verteilen. Mit weißen Chocolate Chips, Peanut Butter Chips, Zuckerstreuseln, Fruity-Crisp-Rice-Cereal, zer-krümelten Schokoladenkeksen mit Cremefüllung sowie Salzbrezeln bestreuen – der Großteil der Deko wird gut an der Cerealmischung haften bleiben. Die Party-Krispies 30 Minuten kühl stellen und an-schließend in 9 Stücke schneiden. Sofort servieren.

PUSH-UP POPS
mexican style

20 PORTIONEN

960 g sehr kalte Sahne

125 g ungesüßtes Kakaopulver

2 TL Vanilleextrakt

2 TL Zimtpulver

2 TL Chilipulver

½ TL Meer- oder Steinsalz

¼ TL Cayennepfeffer

420 g gezuckerte Kondensmilch

Außerdem

20 Push-up-Pop-Formen

Mexican Chocolate ist eine spezielle grobkörnige Blockschokolade, die mit Gewürzen wie Zimtpulver, Vanille, getrockneten und gemahlenen Chilischoten sowie Cayennepfeffer angereichert wird. Die Idee machen wir uns zunutze und veredeln hocharomatisches Kakaopulver mit Schlagsahne und gesüßter Kondensmilch zu einem cremigen Schiebeeisdessert. Die Formen für die Push-up Pops bekommst du online; wer die traditionelle Eiskugel bevorzugt, stellt die Creme in einer Kastenform (ca. 23 x 13 cm) ins Gefrierfach oder befüllt Eis-am-Stiel-Formen damit.

1 Einen robusten Karton auf ein tiefes Backblech legen und 20 Löcher im Abstand von jeweils 5 Zentimetern hineinbohren. Die Kappen von den Push-up-Pop-Formen nehmen und den Boden ganz nach unten ziehen. Die Formen aufrecht in den Karton stellen (die Stiele in die Löcher im Karton stecken). Beiseitestellen.

2 In einer großen Schüssel Sahne, Kakaopulver, Vanilleextrakt, Zimtpulver, Chilipulver, Salz und Cayennepfeffer mit dem elektrischen Handrührgerät auf niedriger Stufe verrühren. Nach und nach auf hohe Stufe schalten und die Sahne fast steif schlagen. Die Kondensmilch dazugießen und kurz auf niedriger Stufe unterrühren.

3 Die Mischung in die Formen füllen, dabei mit einem Holzspieß oder einem Essstäbchen eventuelle Luftblasen auflösen. Die Push-up Pops vor dem Servieren für mindestens 4 Stunden ins Gefrierfach stellen. (Sie halten sich dort bis zu 2 Wochen.)

BLAUBEER-MAISGRIESS-*Riegel*

Okay, wir wissen, was du jetzt denkst: Blaubeeren und *Mais?* Eine komische Kombi. Genug gedacht, denn tatsächlich ist die Kombi Blaubeeren und Mais *köstlich!* Die entspannte Süße des Maises passt so gut zur säuerlichen Persönlichkeit der Blaubeeren, dass man eigentlich schon von einer im Himmel geschlossenen Verbindung sprechen möchte. Auf einem leckeren Maisgrießboden türmen sich saftige blaue Früchtchen, auf die noch Maisgrießstreusel kommen. Und zum Schluss wird das Ganze mit frischem Mais und Cornflakes bestreut. Warum? Einfach weil wir's können. Und weil's so fantastisch schmeckt.

1 Den Backofen auf 175 °C vorheizen und einen Ofenrost in der Mitte in den Backofen schieben. Eine Backform (23 x 33 cm) mit Antihaft-Kochspray einsprühen.

2 **Für die Blaubeerfüllung:** In einer mittelgroßen Schüssel Blaubeeren, Zitronenschale, Zitronensaft, braunen Zucker, Maisstärke und Salz mit sauberen Händen vorsichtig vermengen, sodass die Früchte intakt bleiben. Beiseitestellen.

3 **Für den Maisgrießboden:** In einer großen Schüssel Ei, braunen Zucker, Backpulver, Zimtpulver und Salz verrühren. Maisgrieß, Mehl sowie Butter hinzufügen und die Mischung mit sauberen Händen zu einem weichen, krümeligen Teig verarbeiten.

4 Etwa die Hälfte des Teigs in einer dünnen, gleichmäßigen Schicht auf dem Boden der vorbereiteten Backform verteilen. Die Blaubeerfüllung daraufgeben und anschließend den restlichen Teig in Streuseln darüberkrümeln. 35 bis 40 Minuten im Ofen backen, dabei die Backform nach der Hälfte der Backzeit drehen, damit die Streusel gleichmäßig bräunen.

5 Die Backform aus dem Ofen nehmen und die Maiskörner sowie die Cornflakes auf die Streusel streuen. Rund 30 Minuten in der Form abkühlen lassen, dann in 12 Riegel schneiden.

12 RIEGEL

Antihaft-Kochspray

Für die Blaubeerfüllung
660 g frische Blaubeeren

abgeriebene Schale und Saft von 1 Bio-Zitrone

100 g heller brauner Zucker

1 EL Maisstärke

½ TL Meer- oder Steinsalz

Für den Maisgrießboden
1 Ei (Größe L)

100 g heller brauner Zucker

1 TL Backpulver

1 TL Zimtpulver

½ TL Meer- oder Steinsalz

240 g Maisgrieß (Polenta)

170 g Mehl

225 g zimmerwarme Butter

165 g TK-Mais, aufgetaut, oder Maiskörner aus der Dose, abgegossen

30 g Frosties (Cornflakes mit Zuckerkruste)

Eiswaffeln
MIT APFEL & KARAMELL

Wer Cannoli – die frittierten Teigrollen mit süßer Cremefüllung aus Sizilien – mag, wird diese mit einer Ricottacreme gefüllten Eiswaffeln lieben. Mit der Schicht warm und buttrig geschmorter Karamelläpfel schraubt sich die Leckerei in völlig neue Höhen hoch, und abgerundet wird das Ganze mit mehr Karamell (es muss immer mehr Karamell sein!) sowie einem Hauch von Puderzucker. Dieses Dessert ist absolut *over the top* – bei absolut vertretbarem Aufwand.

8 EISWAFFELN

125 g Ricotta

110 g Puderzucker + etwas mehr zum Bestäuben

225 g zimmerwarmer Doppelrahmfrischkäse

2 EL Butter

2 Granny-Smith-Äpfel, geschält, entkernt und in Würfel geschnitten

50 g heller brauner Zucker

1 TL Zimtpulver

¼ TL Meer- oder Steinsalz

8 Eiswaffeln

Karamellsauce zum Verzieren und Toffeestückchen zum Bestreuen

1 In einer mittelgroßen Schüssel Ricotta und Puderzucker verrühren. Frischkäse unterrühren. Die Ricottacreme in einen Spritzbeutel mit großer Lochtülle füllen (zum Spritzbeutel siehe außerdem S. 35); den Spritzbeutel aufrecht in ein großes Glas und dieses für 30 Minuten in den Kühlschrank stellen.

2 In der Zwischenzeit die Butter in einer mittelgroßen Pfanne bei mittlerer Temperatur zerlassen. Die Apfelwürfel hineingeben und in der Butter wenden. Anschließend etwa 5 Minuten dünsten, bis sie etwas weicher geworden sind. Braunen Zucker, Zimtpulver sowie Salz hinzufügen und alles unter gelegentlichem Rühren rund 5 Minuten weiterdünsten, bis eine zähflüssige Mischung entstanden ist. Die Pfanne vom Herd nehmen und beiseitestellen.

Den Rand einer Eiswaffel in Karamellsauce tauchen, anschließend rund 1 Esslöffel der Ricottacreme mit dem Spritzbeutel in die Eiswaffel füllen. 2 Esslöffel Apfelmischung daraufgeben und die Eiswaffel mit Ricottacreme auffüllen. Mit Toffeestückchen bestreuen und in ein Servierglas stellen. Mit den restlichen Eiswaffeln und der restlichen Ricottacreme ebenso verfahren. Die fertigen Eiswaffeln mit Puderzucker bestäuben und servieren.

ERDBEERKUCHEN-
Eistorte

6 PORTIONEN

480 g Sahne

420 g gezuckerte
Kondensmilch

1 TL Vanilleextrakt

1 EL fein gehackte
frische Minze

320 g Erdbeermarmelade

1 TK-Rührkuchen, 300 g,
aufgetaut, oder Rührkuchen
aus dem Fertigkuchen-Regal

225 g Schlagcreme

1 EL gemahlene gefrier-
getrocknete Erdbeeren zum
Bestäuben

Erdbeerkuchen – so schmeckt der Frühsommer! – ist etwas, auf das ein ganzes Jahr zu warten sich lohnt. Eistorte ist der Inbegriff eines schnell und ohne Ofen gut im Voraus zuzubereitenden Desserts. Ahnst du bereits, worauf das alles hinausläuft …? Richtig: auf einen ungemein erfrischenden Nachtisch, der Frühsommer und Sommer vereint. Und da wir statt frischer Erdbeeren Erdbeermarmelade verwenden, kannst du dir den Sommer wann immer du willst ins Haus holen, sogar mitten im Winter. (Over the) Top!

1 Eine Kastenform (ca. 23 x 13 cm) mit Klarsichtfolie auskleiden, dabei auf den beiden langen Seiten jeweils einen etwa 7½ Zentimeter breiten Rand überstehen lassen.

2 Die Sahne in einer großen Schüssel mit dem elektrischen Handrührgerät zunächst auf niedriger und nach und nach auf hoher Stufe steif schlagen. Kondensmilch sowie Vanilleextrakt dazugeben und unterrühren. 120 Gramm der Mischung abmessen und in eine mittelgroße Schüssel füllen. Die Minze unterheben, beiseitestellen. Die Erdbeermarmelade unter die restliche Sahnemischung rühren.

3 Etwa die Hälfte der Erdbeersahne in die vorbereitete Kastenform geben. Vom Rührkuchen längs eine gut 1 Zentimeter dicke Scheibe abschneiden und auf die Erdbeersahne in der Kastenform legen. Die restliche Erdbeersahne um den Kuchen herum verteilen (den restlichen Kuchen für eine andere Verwendung aufbewahren). Die Minzsahne daraufgeben und glatt streichen. Die Backform locker mit der überstehenden Klarsichtfolie bedecken und für mindestens 6 Stunden oder bis zu 24 Stunden ins Gefrierfach stellen.

4 Die Erdbeerkuchen-Eistorte auswickeln und auf eine Servierplatte stürzen. Die Klarsichtfolie entsorgen. Die Erdbeerkuchen-Eistorte oben und an den Seiten gleichmäßig mit der Schlagcreme bestreichen und mit einer Winkelpalette oder einem Buttermesser leichte »Wellen« hineinzaubern. Mit gemahlenen gefriergetrockneten Erdbeeren bestäuben, in Scheiben schneiden und sofort servieren.

Windbeutel
MIT BANANENPUDDING

Windbeutel sind eigentlich an sich schon irgendwie *over the top*. Werden sie dann aber noch mit Bananenpudding gefüllt (eine Fertigmischung, entspann dich!) und mit Bananenscheiben, Marshmallows sowie Vanillewaffeln garniert, können ihnen ihre biederen Kollegen vom Bäcker wohl kaum mehr das Wasser reichen. (Schritt-für-Schritt-Fotos der Zubereitung findest du auf S. 126.)

1 **Für die Windbeutel:** Den Backofen auf 200 °C vorheizen. Einen Ofenrost in der Mitte in den Backofen schieben. Ein tiefes Backblech mit einer Backmatte aus Silikon oder Backpapier belegen.

2 Butter, Zucker und Salz mit 120 Milliliter Wasser in einem mittelgroßen Topf bei mittlerer bis hoher Temperatur zum Kochen bringen. Das Mehl hinzufügen und mit einem Holzlöffel alles rasch zu einer Teigkugel verrühren. Unter gelegentlichem Rühren etwa 5 Minuten weitergaren, bis der Teig glänzt und zu duften beginnt.

3 Den Topf vom Herd nehmen und den Teig 5 Minuten abkühlen lassen (das ist wichtig, damit die Eier später nicht gerinnen).

4 Vanilleextrakt und 1 Ei unterrühren; die Mischung wirkt zunächst wenig homogen, wird es aber noch. Das zweite Ei unterrühren und den Teig in einen Spritzbeutel mit Sterntülle füllen (zum Spritzbeutel siehe außerdem S. 35).

5 Das Eiweiß in eine kleine Schüssel geben und leicht verquirlen. In eine zweite kleine Schüssel etwas Wasser füllen. Den Teig in 14 gleichmäßigen Kreisen (ca. 4 cm Ø) im Abstand von etwa 5 Zentimetern auf das vorbereitete Backblech spritzen. Einen Finger in die Schüssel mit Wasser tauchen und damit leicht auf die Spitze der Teigkreise klopfen, um sie etwas flacher zu machen. Die Teigkreise anschließend mit dem verquirlten Eiweiß bestreichen. Die Windbeutel in rund 25 Minuten goldbraun im Ofen backen. In etwa 1 Stunde vollständig auf dem Blech abkühlen lassen.

Fortsetzung ➜

Für die Windbeutel

2 EL Butter

1 EL heller brauner Zucker

¼ TL Meer- oder Steinsalz

60 g Mehl

½ TL Vanilleextrakt

2 Eier (Größe L)

1 Eiweiß von einem Ei Größe L

Für den Bananenpudding

100 g Bananenpudding-Fertigmischung

300 ml Milch

1 Banane, geschält und in 28 Scheiben mit einer Dicke von ½ cm geschnitten

Marshmallow-Creme und Vanillewaffeln, zerbröselt, zum Garnieren

6 Für den Bananenpudding: In einer mittelgroßen Schüssel die Puddingmischung mit der Milch zu einer dicken Masse verrühren. (Die Masse sollte dicker als normaler Pudding sein, damit sich die Windbeutel leichter mit ihr befüllen lassen.) Den Pudding in einen Spritzbeutel mit Sterntülle füllen (zum Spritzbeutel siehe außerdem S. 35).

7 Die abgekühlten Windbeutel waagerecht halbieren. In jede untere Hälfte 1 Bananenscheibe legen. Die oberen Hälften in die Marshmallow-Creme tauchen und mit zerbröselten Vanillewaffeln bestreuen. Den Pudding auf die Bananenscheibe spritzen und mit der oberen Windbeutelhälfte bedecken. Mit 1 weiterer Bananenscheibe garnieren und diese mit einem Party-Zahnstocher fixieren. Sofort servieren.

KOKOS-
Eiscremekuchen

Kokos-Fans aufgepasst: Wir haben vielleicht einen Kuchen für euch!
Zuerst wird eine Backmischung mit gerösteten Kokosraspeln geboos-
tert. Dann wird im Handumdrehen eine Eiscreme aus Kondensmilch,
Kokos-Schokoriegeln und Sahne zubereitet. Und zum Schluss wird
der ganze Kuchen mit einer Kokoscreme und pinkfarbenen (!) Kokosraspeln überzogen. Also wir sind ganz *loco* nach *coco!*

1 Für den Kuchen: Den Backofen auf 175 °C vorheizen und einen
Ofenrost in der Mitte in den Backofen schieben. Eine Springform
(ca. 25 cm Ø) mit Antihaft-Kochspray einsprühen.

2 Die Hälfte der Kokosraspel gleichmäßig auf einem tiefen Backblech verteilen (die andere Hälfte für den Kuchenüberzug aufbewahren). 5 bis 7 Minuten im Ofen rösten, nach der Hälfte der Röst-
zeit einmal am Backblech rütteln. Die gerösteten Kokosraspel in
eine mittelgroße Schüssel füllen.

3 Die Backmischung zu den gerösteten Kokosraspeln in die
Schüssel geben und anschließend den Teig nach Packungsanleitung zubereiten. In die vorbereitete Springform füllen und etwa
40 Minuten im Ofen backen, bis an einem in der Mitte hineingesteckten Holzspieß kein Teig mehr hängen bleibt. Den Kuchen in
der Form 30 Minuten abkühlen lassen, dann den Rand der Springform lösen und den Kuchen zum vollständigen Abkühlen vom
Boden der Springform heben und auf ein Kuchengitter legen.
Die Springform säubern und erneut mit Kochspray einfetten.

4 Für die Eiscreme: Die Sahne in einer großen Schüssel mit dem
elektrischen Handrührgerät zunächst auf niedriger Stufe und nach
und nach auf hoher Stufe steif schlagen. Die Kondensmilch dazugießen und unterrühren. Die Kokos-Schokoriegelstückchen unterheben. Die Mischung in die Springform füllen, locker mit Klarsichtfolie bedecken und für 1 Stunde ins Gefrierfach stellen.

Fortsetzung →

8 STÜCKE

Für den Kuchen
Antihaft-Kochspray

400 g gesüßte Kokosraspel

1 Backmischung für hellen
Rührkuchen + die auf der Pa-
ckung angegebenen restlichen
Zutaten

Für die Eiscreme
480 g Sahne

330 g Kokos-Kondensmilch

320 g Kokos-Schokoriegel, in
kleine, gleichmäßige Stücke
gehackt

Für den Überzug
pinkfarbene Lebensmittelfarbe

225 g Schlagcreme

400 g ungesüßte Kokoscreme
aus dem Kühlschrank

5 Die Klarsichtfolie entfernen und den abgekühlten Kuchen vorsichtig auf die Eiscreme legen. (Sollte die Eiscreme dafür noch zu weich sein, für 1 weitere Stunde ins Gefrierfach stellen.) Noch einmal locker mit Klarsichtfolie bedecken und für 4 oder bis zu 24 Stunden ins Tiefkühlfach geben.

6 Für den Überzug: Die restlichen Kokosraspel mit 2 Tropfen pinkfarbener Lebensmittelfarbe in die Küchenmaschine geben. Kurz mixen, um die Lebensmittelfarbe zu verteilen. 1 bis 2 weitere Tropfen Lebensmittelfarbe untermixen, um die Farbintensität zu erhöhen. Beiseitestellen.

7 Die Schlagcreme in eine große Schüssel füllen. Die Dose mit der gekühlten Kokoscreme öffnen; mit einem Löffel das Feste oben abschöpfen und zur Schlagcreme in die Schüssel geben (die flüssige Kokosmilch für eine andere Verwendung aufbewahren). Die Mischung mit dem elektrischen Handrührgerät auf niedriger Stufe gründlich verrühren.

8 Den Kuchen aus dem Gefrierfach nehmen. Die Klarsichtfolie entfernen, den Springformring lösen, den Kuchen vom Boden der Springform heben und auf eine Servierplatte legen. Mithilfe eines Palettenmessers oben sowie an den Seiten mit der Kokos-Schlagcreme bestreichen und mit den pinkfarbenen Kokosraspeln bestreuen. Diese vorsichtig andrücken. Den Kuchen für weitere 30 Minuten ins Gefrierfach stellen, dann in Stücke schneiden und servieren.

Fudge
MIT ANIMAL CRACKERN

Kaum etwas macht so viel Spaß, wie mit Essen zu spielen. In diesem Rezept wird aus Animal Crackern – mit Zuckerguss überzogene Kekse in Tierform und der Inbegriff von essbarem Spielzeug – ein herrlich schmelziges Fudge, das fast zu toll zum Essen ist (aber nur fast). Die Kombi aus pinkfarbenem und weißem Fudge, Animal-Cracker-Deko und bunten Zuckerstreuseln ergibt ein Dessert für alle, die sich vorgenommen haben, nie erwachsen zu werden.

1 Eine quadratische Backform (20 x 20 cm) mit einem Stück Backpapier (20 x 25 cm) auskleiden und dabei auf zwei Seiten einen 2½ Zentimeter breiten Rand überstehen lassen. Mit Antihaft-Kochspray einfetten.

2 Die Schokolade in einer mittelgroßen, mikrowellengeeigneten Schüssel in der Mikrowelle auf hoher Stufe in etwa 30 Sekunden schmelzen, dabei alle 10 Sekunden umrühren.

3 Frischkäse und Puderzucker in einer großen Schüssel mit dem elektrischen Handrührgerät zunächst auf niedriger und nach und nach auf hoher Stufe verrühren. Die geschmolzene Schokolade dazugeben und alles auf hoher Stufe zu einer glatten, aber luftigen Mischung verarbeiten. Rund ein Viertel der Mischung in eine kleine Schüssel füllen. 2 Tropfen Lebensmittelfarbe hinzufügen und gründlich unterrühren.

4 Die gehackten Animal Cracker unter die weiße Mischung rühren und etwa die Hälfte der Mischung in die vorbereitete Backform füllen. Die pinkfarbene sowie die restliche weiße Mischung in Klecksen daraufsetzen und mit einem Buttermesser kleine Wirbel einarbeiten. Die Oberfläche glätten und mit Zuckerstreuseln bestreuen. Die ganzen Animal Cracker in gleichmäßigen Abständen auf das Fudge stellen. Etwa 2 Stunden in den Kühlschrank stellen.

5 Das Fudge mithilfe des überstehenden Backpapiers auf ein Schneidbrett legen. In 12 Quadrate mit je 1 Animal Cracker schneiden und sofort servieren.

12 STÜCK

Antihaft-Kochspray

400 g weiße Schokolade, grob gehackt

225 g zimmerwarmer Doppelrahmfrischkäse

450 g Puderzucker

pinkfarbene Lebensmittelfarbe

140 g Frosted Animal Cracker, gehackt + 12 ganze Cracker zum Garnieren

bunte Zuckerstreusel zum Bestreuen

Na dann: Cheers!

Milkshake OVERLOAD

1 Schachtel Schokokugeln mit Knusperkern (140 g)

150 ml zimmerwarme Schokoladensauce

570 ml Vanilleeis

60 ml irischer Sahnelikör, z. B. Baileys (optional)

Over-the-Toppings

Schokoladensauce

Marshmallow-Creme

Donuts

Mini-Schokoriegel

Peanut Butter Cups

Doppelkekse

Weingummi

Marshmallows

Knallbrause

in Schokolade o. Ä. getauchte Brezeln

Frosted Animal Cracker

Plätzchen mit Zuckerguss

bunte Zuckerstreusel

essbarer Glitzer

Wunderkerzen

Dieser Milkshake enthält eine ganze Schachtel Schokokugeln mit Knusperkern (Malted Milk Balls), mehr als einen halben Liter Eiscreme, tonnenweise Schokoladensauce und einen großen Schuss irischen Sahnelikör – ein Milkshake mit allem Pipapo also. Was ihn jedoch zu einem Milkshake *over the top* macht, sind die schier endlosen Möglichkeiten des Garnierens und Verzierens. Den Anfang macht der Rand des Glases, in dem der Milkshake serviert wird: Er kann beispielsweise in Schokoladensauce oder Marshmallow-Creme getaucht werden. Dann folgen die Holzspieße mit der Deko, auf die du ganz nach Lust und Laune so ziemlich alles (Essbare) stecken kannst. Nur Zurückhaltung ist hier fehl am Platz.

1 Die Malted Milk Balls in den Mixer geben und in etwa 1 Minute auf hoher Stufe zu groben Krümeln verarbeiten. Schokoladensauce sowie Vanilleeis hinzufügen und alles auf hoher Stufe in rund 1 Minute gründlich verrühren. Den Likör dazugießen und in etwa 30 Sekunden unterrühren.

2 Den Milkshake in zwei gekühlte Gläser füllen und nach Belieben mit den Toppings garnieren. Sofort servieren.

Regenbogen-
SLUSHIE

Dieser Slushie ist teils Kunst und teils leckeres, erfrischendes Trinkeis. Für Farbmischungen jenseits der herkömmlichen Vorstellungskraft sorgt lösliches Getränkepulver in allen Schatt erungen des Regenbogens ... oder du bleibst bei einer Farbe und erzeugst damit Wirbel im Batikstil in deinem Drink. Auch geschmacklich sind die Kombinationsmöglichkeiten endlos.

1 Zitronensorbet sowie Wodka in den Mixer geben und auf hoher Stufe in rund 1 Minute glatt mixen.

2 Ein Sechstel der Mischung in ein hohes Glas füllen. ⅛ Teelöffel Getränkepulver dazugeben und verrühren. Ein weiteres Sechstel der Slushie-Mischung hinzufügen und Getränkepulver in anderen Farben wirbelartig unterrühren, sodass ein Batikmuster entsteht. Abschließend ein letztes Sechstel der Slushie-Mischung ins Glas füllen und wiederum mit ⅛ Teelöffel Getränkepulver verrühren.

3 Mit dem zweiten Glas ebenso verfahren. Die Regenbogen-Slushies mit den gewünschten Toppings sofort servieren.

2 SLUSHIES

570 ml Zitronensorbet

60 ml Wodka

ungesüßtes lösliches Getränkepulver, z. B. Kool-Aid, in verschiedenen Farben

Over-the-Toppings

essbarer Glitzer

Leuchtstäbchen

Strohhalme in verschiedenen Formen

Cream Soda
DOLCE VITA

Sahne und Limo wirken auf den ersten Blick nicht wie ein Traumpaar (außer natürlich als Sahne-Brause, besser bekannt als Cream Soda). Aber was spricht eigentlich gegen ein fruchtiges, blubberndes Getränk, das mit Sahne aufgehübscht und noch viel leckerer gemacht wird? Nichts, würden wir meinen. Im Gegenteil: Die schlichte Zutat katapultiert den Drink direkt *over the top*. Und was das Fruchtige betrifft: Hier ist buchstäblich jede Fruchtmarmelade die richtige Wahl für den süßen Kick. Nicht gleich Nein sagen – probieren!

1 In einer kleinen Schüssel die Marmelade mit 60 Milliliter warmem Wasser verrühren. Die Mischung durch ein Sieb in einen Messbecher abgießen; sie sollte etwa 170 Milliliter Fruchtsirup ergeben.

2 Die Eiswürfel auf zwei hohe Gläser verteilen. In jedes Glas die Hälfte des Mineralwassers sowie die Hälfte des Fruchtsirups füllen. Jeweils 2 Esslöffel Sahne darüberträufeln und mit den Toppings nach Wahl garniert sofort servieren.

2 PORTIONEN

80 g Fruchtmarmelade nach Wahl

440 g Eiswürfel

240 ml kohlensäurehaltiges Mineralwasser

4 EL Sahne

Over-the-Toppings

Weingummi

Saure Schnüre (Weingummi)

Süßigkeiten in Fischform

BLOODY MARY 2.0

Für den aromatisierten Wodka

750 ml Wodka

2 große saure Gurken, mit Knoblauch eingelegt und längs geviertelt

60 ml Saure-Gurken-Lake

½ Jalapeño-Chilischote mit Kernen und Stiel

Für den Bloody-Mary-Mix

1,4 l Tomatensaft

60 g Meerrettich aus dem Glas

60 ml Worcestershiresauce

60 ml Limettensaft, frisch gepresst

3 EL Taco-Würzmischung

Zum Servieren

Limettenspalten, Chilisauce, Selleriesalz, Nachochips, zerkrümelt, und Eiswürfel

Over-the-Toppings

Artischockenherzen

Kimchi

Saure-Gurken-Stifte

Beef Jerky

gefüllte Oliven

pochierte Garnelen

ausgelassener Bacon

String Cheese

hart gekochte Eier

dicke Salzstangen

Stangensellerie

Der Trick an diesem Rezept besteht darin, den Wodka und den Bloody-Mary-Mix über Nacht kühl zu stellen. Außerdem ist es wichtig, die Toppings bereits am Tag zuvor vorzubereiten. (Alles, was gekocht, gebraten oder pochiert wird, hält sich problemlos im Kühlschrank.) Und der Spaß an diesem Drink schließlich besteht darin, dass sich jeder seine Bloody Mary selbst zusammenstellen kann. Wer alles so hübsch vorbereitet, kann sogar abends noch ausgehen und am nächsten Tag trotzdem den Gastgeber oder die Gastgeberin spielen – Kater oder Katze hin oder her.

1 **Für den aromatisierten Wodka:** Wodka, saure Gurken, Saure-Gurken-Lake und Chili in ein großes Glas oder einen Krug geben. Zugedeckt 12 bis 24 Stunden in den Kühlschrank stellen.

2 **Für den Bloody-Mary-Mix:** In einem weiteren großen Glas oder Krug Tomatensaft, Meerrettich, Worcestershiresauce, Limettensaft und Taco-Würzmischung verrühren. Ebenfalls zugedeckt 12 bis 24 Stunden in den Kühlschrank stellen.

3 Mit einer Limettenspalte am Rand jedes Servierglases entlangfahren oder Chilisauce in eine flache Schale füllen und die Gläser mit dem Rand hineintauchen. Selleriesalz oder zerkrümelte Chips auf einen flachen Teller streuen und den Rand der Gläser noch einmal hineintauchen. (Du darfst aber auch gern kreativ werden und dir eine ganz andere Randverzierung ausdenken.) Die Gläser mit Eiswürfeln füllen und anschließend mithilfe eines Schnapsglases pro Drink 60 Milliliter aromatisierten Wodka und 120 Milliliter Bloody-Mary-Mix abmessen. Beides in die Gläser gießen. Nun darf sich jeder Gast seine Toppings selbst auswählen.

ZUCKERWATTE–
Mojito

Bei diesem Drink geht es in erster Linie ums eindrucksvolle Servieren. Dafür eine kleine Wolke aus bunter Zuckerwatte – Profitipp: den besten Effekt erzielst du mit nur einer Farbe – in ein Martiniglas geben und langsam den Mojito darübergießen. Dann verzückt dabei zusehen, wie Drink und Zucker zu einem wunderschönen, leuchtenden *Over the Top*-Cocktail verschmelzen. Aber vorsichtig genießen: Das Getränk knallt gehörig!

1 Minze, Zucker und Limettensaft in einen Cocktailshaker geben und so lange mit einem Barstößel zerstoßen, bis sich der Zucker aufgelöst hat (zur Technik siehe Tipp unten). Rum sowie Eiswürfel dazugeben und den Cocktailshaker verschließen. So lange schütteln, bis sich außen am Cocktailshaker Kondenswasser gebildet hat. Das Mineralwasser dazugießen.

2 Ein großes Stück Zuckerwatte dekorativ in ein Martiniglas legen. Den Cocktail langsam über die Zuckerwatte abgießen, mit den gewünschten Toppings garnieren und sofort servieren.

TIPP

Mit dem Zerstoßen soll erreicht werden, dass die Kräuter ihre ätherischen Öle freisetzen. Am besten geht das mit einem Barstößel, der zu jedem Cocktailset dazugehört, doch mit dem Stiel eines dicken Holzlöffels funktioniert das Ganze auch. Aber nur weil es »zerstoßen« heißt, bedeutet das nicht, dass du wie wild auf die Zutaten einkloppen sollst. Setze den Stößel auf die Kräuter und drehe ihn sanft, sodass die Blätter größtenteils intakt bleiben.

1 COCKTAIL

4 Zweige Minze

½ TL Zucker

2 EL Limettensaft, frisch gepresst

60 ml weißer Rum

220 g Eiswürfel

60 ml kohlensäurehaltiges Mineralwasser

bunte Zuckerwatte

Over-the-Toppings

Leuchtstäbchen

Strohhalme in verschiedenen Formen

essbares Speiseglanzspray für das Glas

Lagerfeuer-FLOAT

60 g Graham Cracker,
fein zerbröselt

Marshmallow-Creme

Schokoladensauce

2 Riesen-Marshmallows

2 Kugeln Schokoladeneis

30 ml Spiced Rum (optional)

Cola mit Vanillegeschmack

Over-the-Toppings

gestreifte Strohhalme

Löffel, die ihre Farbe
wechseln können

aromatisierte Marshmallows,
z. B. Marshmallows mit
Erdbeergeschmack

Hier trifft die Lieblingssüßigkeit vom Lagerfeuer auf spritzige Cola. Geröstete Marshmallows, Schokoeis, ein Graham-Cracker-Marsh-mallow-Glasrand und Cola mit Vanillegeschmack beschwören die Romantik einer Nacht im Freien herauf, und das auch noch ganz warm und sicher in den eigenen vier Wänden! Wer ihn noch nicht probiert hat, glaubt uns vielleicht nicht, aber dieser Float lässt einen wegfloaten ...

1 Die zerbröselten Graham Cracker auf einen kleinen Teller geben. Den Rand eines Milchshakeglases oder eines anderen hohen Glases zuerst in die Marshmallow-Creme und dann in die zerbröselten Cracker tauchen. Das Glas innen mit Schokoladensauce begießen und ins Gefrierfach stellen, während die Marshmallows geröstet werden.

2 Die Marshmallows auf einen Holzspieß stecken und über einer Gasflamme (Herd oder Feuerzeug) rösten; dabei den Holzspieß drehen, damit die Marshmallows gleichmäßig geröstet werden. Sie dürfen hier und da ruhig einige verkohlte Stellen aufweisen. 1 Marshmallow in das vorbereitete Glas gleiten lassen, den anderen auf dem Spieß lassen und beiseitelegen.

3 Das Schokoladeneis ins Glas geben und den Rum darüber-gießen. Mit der Vanillecola abschließen. Den Holzspieß mit dem Marshmallow so kürzen, dass er etwas länger als der Durchmesser der Glasöffnung ist, und über den Rand des Glases legen. Den Float mit den gewünschten Toppings sofort servieren.

SANGRIA-*Eistee*

Gießen, rühren, kühlen, nippen – mehr Aufwand erfordert diese Sangria nicht, der man die geringe Mühe allerdings nicht im Geringsten anschmeckt. Der Hibiskustee verleiht dem Sauvignon blanc eine überwältigende rote Farbe, während Ingwer und Mango die Fruchtaromen des Weins noch hervorheben. Der Fruchtcocktail aus der Dose stellt eine durchaus sinnvolle Abkürzung dar, doch wer mag, ersetzt ihn durch die gleiche Menge gewürfelter frischer Früchte.

1 In einem großen Krug 240 Milliliter kochendes Wasser so lange mit dem Zucker verrühren, bis dieser sich aufgelöst hat. Die Teebeutel hineingeben und den Tee 30 Minuten ziehen lassen. Die Teebeutel herausfischen und entsorgen.

2 Sauvignon blanc, Fruchtcocktail mitsamt Sirup, Kombucha, Hard Seltzer und Zitronensaft in den Krug geben und alles gründlich verrühren. Mit Klarsichtfolie bedecken und mindestens 1 Stunde oder bis zu 4 Stunden kühl stellen.

3 Zum Servieren einen weiteren großen Krug mit Eiswürfeln füllen und die Sangria mitsamt Früchten hineingeben. Mit den gewünschten Toppings sofort servieren.

Ice, Ice, Baby

Eiswürfel in ausgefallenen Formen sind die leichteste Möglichkeit, einen Drink aufzupeppen. Aber auch wer nur die schlichten quadratischen Formen zu Hause hat, kann kreativ tätig werden. Für durchsichtige Eiswürfel mit »Einschlüssen« destilliertes Wasser 10 Minuten kochen, mit einem Deckel abdecken und in etwa 1 Stunde auf Zimmertemperatur abkühlen lassen. In die Mulden einer Eiswürfelform essbare Blüten, Beeren und/oder andere kleine Fruchtstückchen legen und anschließend langsam das abgekühlte destillierte Wasser darübergießen. Im Tiefkühlfach gefrieren lassen. Und für aromatisierte Eiswürfel einen Teebeutel oder Fruchtsaft ins Wasser geben, nachdem es gekocht hat. (Aber nicht vergessen: Alkohol gefriert nicht!)

8–10 PORTIONEN

115 g Zucker

4 Beutel Hibiskustee

750 ml Sauvignon blanc

2 Dosen Fruchtcocktail à 240 g

480 ml Ingwer-Kombucha

1 Dose (360 ml) Hard Seltzer mit Mangogeschmack

60 ml Zitronensaft, frisch gepresst

Over-the-Toppings

Eiswürfel mit essbaren Blüten

Cocktailschirmchen

Wassermelonenscheiben

Elektro-LIMO

450 g Zucker

60 ml Butterfly Pea Flower Tea
(siehe S. 11)

480 ml Zitronensaft,
frisch gepresst

Over-the-Toppings

leuchtende Eiswürfel

Leuchtstäbchen

essbarer Glitzer
für den Glasrand

Beim Butterfly Pea Flower Tea, einem Kräutertee aus den Blüten-blättern der blauen Schmetterlingserbse, hat die Natur tief in ihre Trickkiste gegriffen. Werden die Blüten mit heißem Wasser übergos-sen, entsteht ein königsblauer Tee. Fügt man diesem jedoch etwas Säurehaltiges wie beispielsweise Zitronensaft hinzu, verwandelt sich das Blau in einen wunderschönen Lavendelton. Am besten servierst du diesen Drink als blauen Tee im Glas und den Zitronensaft in einem kleinen Gläschen dazu – dann kann sich jeder den Zitronensaft selbst dazugießen und die Magie live erleben.

1 In einem kleinen Topf den Zucker mit 480 Milliliter Wasser bei hoher Temperatur und unter gelegentlichem Rühren zum Kochen bringen. Hat sich der Zucker vollständig aufgelöst, den Topf vom Herd nehmen und den Tee hineingeben. Verrühren. Den Sirup in rund 1 Stunde komplett abkühlen lassen, dann die Blüten heraus-fischen und entsorgen.

2 Den Zitronensaft gleichmäßig auf vier kleine Gläser verteilen. Vier hohe Gläser mit Eiswürfeln füllen und jeweils ein Viertel des Teesirups darübergießen. Nach Belieben mit Toppings sowie Deko verzieren und servieren. Den Zitronensaft dazu servieren, damit sich jeder seinen Drink selbst zaubern kann.

ANANAS-WHIP MIT Chili

Dieser in einem gewissen Themenpark sehr beliebte Drink ist wie durchgeknalltes Softeis. Da wir für ihn frische Ananas verwenden, ist es nur logisch und natürlich absolut *over the top*, die ausgehöhlte Frucht als Gefäß für den Whip zu recyceln. Viel Mühe bereitet der Drink auch nicht, denn nach dem Kühlen der Fruchtstücke im Gefrierfach macht die ganze Restarbeit im Grunde der Mixer. (Selbstverständlich kannst du es dir *noch* einfacher machen und gleich gefrorene Ananasstücke kaufen und ein Milchshakeglas anstelle der ausgehöhlten Ananas verwenden.) Der Spritzer Rum ist optional, aber halt wirklich lecker. Wir finden: Dieser Whip ist schlicht die beste Art, Piña zu genießen, colada oder nicht.

1 Das Obere der Ananas 5 Zentimeter breit abschneiden. Mit einem Ananasschneider oder einem scharfen Messer das Fruchtfleisch aus der Schale lösen. Den Strunk herausschneiden und entsorgen. Die Ananasschale in Klarsichtfolie wickeln und in den Kühlschrank legen.

2 Das Ananasfruchtfleisch in mundgerechte Stücke schneiden. (Für dieses Rezept benötigst du rund 900 Gramm Fruchtfleisch, den Rest kannst du für eine andere Verwendung aufbewahren.) Die Stücke auf einem mit Backpapier belegten tiefen Backblech ausbreiten und für 12 bis 24 Stunden ins Gefrierfach legen.

3 Die Kondens-Kokosmilch in den Mixer geben. Die gefrorenen Ananasstücke dazugeben und alles auf hoher Stufe in rund 1 Minute zu einer glatten Mischung mit der Konsistenz von Schlagsahne mixen. In einen Spritzbeutel mit Sterntülle füllen (zum Spritzbeutel siehe außerdem S. 35). Den Spritzbeutel aufrecht in ein hohes Glas stellen und für 15 Minuten ins Tiefkühlfach geben.

2 PORTIONEN

1 Ananas (1,4–1,8 kg)

340 ml gezuckerte Kondens-Kokosmilch

60 ml Spiced Rum (optional)

Chilipulver zum Garnieren

Over-the-Toppings

essbares Speiseglanzspray für die Ananasschale

Strohhalme in verschiedenen Formen

Löffel, die ihre Farbe wechseln können

Fortsetzung →

4 Die Ananasschale aus dem Kühlschrank nehmen und aus der Folie wickeln. Den Rum hineingießen und darin schwenken. Anschließend mithilfe des Spritzbeutels die Ananascreme in die Schale spritzen. Mit Chilipulver bestäuben und mit den gewünschten Toppings verziert sofort servieren.

APFELWEIN MIT
Hot Buttered Rum

Ein heißer Apfelwein mit wärmenden Gewürzen passt ganz ausgezeichnet zu Wetter, bei dem man am liebsten in einen kuscheligen Sweater schlüpfen würde. Wird es draußen noch kälter, ist Wärme von innen umso notwendiger, am besten in Form von Hot Buttered Rum. Und was passiert, wenn man die beiden Drinks vereint? Na, dann hat man schon wieder einen draufgesetzt.

1 **Für die Gewürzbutter:** In einer mittelgroßen Schüssel Butter, Zucker, Salz, Zimt, Piment, Ingwer, Nelkenpulver, Muskatnuss und Cayennepfeffer gründlich verrühren. Die Gewürzbutter in einen luftdicht verschließbaren Behälter geben und bis zu 1 Woche im Kühlschrank aufbewahren.

2 **Für den Apfelwein:** Apfelwein sowie 1 Esslöffel Gewürzbutter in einen kleinen Topf geben und bei mittlerer bis niedriger Temperatur zum Köcheln bringen. Anschließend unter gelegentlichem Rühren etwa 5 Minuten köcheln lassen, bis die Butter vollständig geschmolzen ist.

3 Den Apfelwein in eine Tasse gießen und den Rum dazugießen. Mit den gewünschten Toppings garnieren und sofort servieren.

1 DRINK

Für die Gewürzbutter
115 g zimmerwarme Butter

50 g heller brauner Zucker

½ TL Meer- oder Steinsalz

½ TL Zimtpulver

½ TL gemahlener Piment

½ TL gemahlener Ingwer

¼ TL Nelkenpulver

¼ TL Muskatnuss, frisch gerieben

1/8 TL Cayennepfeffer

Für den Apfelwein
240 ml Apfelwein

60 ml Spiced Rum

Over-the-Toppings
Mini-Donuts mit Puderzucker

mit Gewürznelken gespickte Bio-Orangenschale

Schlagsahne

Affogato
MIT SALZKARAMELL

Karamellsauce

Meersalzflocken

1 Kugel Vanilleeis

30 ml starker Kaffee,
z. B. Espresso

30 ml Likör, z. B. Baileys (Sahnelikör), Kahlúa (Kaffeelikör)
oder Amaretto (Mandellikör)

Over-the-Toppings

zerbröselte Graham Cracker

mit Schokolade gefüllte
Waffelröllchen

Schlagsahne

Affogato, das italienische Kunstwerk aus Eiscreme und Espresso, ist irgendwo zwischen Getränk und Dessert angesiedelt. Um daraus einen *Over the Top*-Drink zu zaubern, bedarf es nur noch eines klitzekleinen bisschens Likör und eines etwas weniger kleinen bisschens Salzkaramell. Zum Dahinschmelzen!

Einen Eisbecher oder eine große Kaffeetasse mit Karamellsauce auskleiden. Eine kleine Menge Meersalzflocken über die Karamellsauce streuen. Das Vanilleeis in den Eisbecher oder die große Kaffeetasse geben und anschließend den Kaffee sowie den Likör darübergießen. Das Vanilleeis mit mehr Karamellsauce beträufeln und mit mehr Meersalzflocken bestreuen. Mit den gewünschten Toppings verzieren und sofort servieren.

WASSERMELONEN–
Party Punch

Das Schwerste an diesem Punsch ist zweifelsohne das Aufschneiden der Wassermelone. Hat man das geschafft, heißt es nur noch schnibbeln, mixen, garnieren, fertig. Der margaritaähnliche Drink ist ohne Tequila ebenso erfrischend wie mit und die schönste Art, seinen Freunden und Freundinnen zu sagen: »It's Party Time!«

1 Von einer langen Seite der Wassermelone (nicht vom oberen oder unteren Ende) ein etwa 5 Zentimeter breites Stück abschneiden (noch mehr *over the top* wird die Präsertation, wenn das Stück im Zickzackmuster abgeschnitten wird). Mit einem großen Metalllöffel das Fruchtfleisch herausheben und in Stücke schneiden; die Wassermelonenschale beiseitelegen. 450 Gramm Fruchtfleisch in den Mixer geben, das restliche Fruchtfleisch für eine andere Verwendung aufbewahren.

2 Tequila, Limettensaft, Zucker, Minzeblätter sowie Chili zum Wassermelonenfruchtfleisch in den Mixer geben und alles auf höchster Stufe in rund 1 Minute zu einem glatten Drink mixen, in dem noch kleine Minze- und Chilistückchen zu sehen sind.

3 Den Punsch in die Wassermelonenschale gießen und mit den gewünschten Toppings verzieren. Zum Servieren sechs Gläser mit Crushed Ice füllen und den Punsch darübergießen. Nach Belieben je 1 Minzestängel dazugeben. Wer mag, taucht den angefeuchteten Glasrand vorher noch in essbaren Glitzer.

6 PORTIONEN

1 kernlose, längliche Wassermelone (ca. 3,5 kg)

360 ml Tequila blanco

240 ml Limettensaft, frisch gepresst (von ca. 8 Limetten)

225 g Zucker

15 g frische Minzeblätter

½ Jalapeño-Chilischote, entkernt

Crushed Ice und Minzestängel zum Servieren

Over-the-Toppings

Wunderkerzen

Flamingo-Cocktailspießchen

Cocktailschirmchen

HONIGBÄR–
Horchata

Honig

240 ml Pflanzendrink
auf Reisbasis mit Vanillegeschmack

150 g Eiscreme auf Reis-
pflanzendrink-Basis mit
Vanillegeschmack

1 TL Zimtpulver

60 ml Spiced Rum (optional)

Over-the-Toppings

essbares Speiseglanzspray
für die Bären

gestreifte Strohhalme

frischer Wabenhonig
vom Imker

Die Horchata de arroz, ein beliebtes, milchähnliches Getränk aus Mexiko, besteht aus gemahlenem Reis, Wasser und jeder Menge Zimt. Für diese eisige Version kommen Reismilch und Eiscreme sowie Zimt und ein optionaler Spritzer Rum gemeinsam in den Mixer, wo es dann rundgeht. Das Servieren in kleinen Honig-Quetschflaschen in Bärenform ist ebenfalls optional, denn selbst in einem normalen Glas ist dieser Drink noch absolut anbetungswürdig und sollte unbedingt mit dem oder der Honigbär-Liebsten geteilt werden.

1 Das Innere von zwei leeren und gesäuberten Honig-Quetsch-flaschen in Bärenform mit Honig beträufeln und die Flaschen beiseitestellen.

2 Pflanzendrink auf Reisbasis, Eiscreme sowie Zimt in den Mixer geben und auf hoher Stufe in rund 1 Minute glatt mixen. Den Rum hinzufügen und alles weitere 30 Sekunden mixen.

3 Die Horchata in die vorbereiteten Quetschflaschen füllen und mit den gewünschten Toppings verziert sofort servieren.

Dies & Das

SANDIA Loca

Der Name dieses Gerichts lässt sich mit »verrückte Wassermelone« übersetzen (na gut, wortwörtlich mit »Wassermelone verrückte«, denn so funktioniert das Spanische nun einmal), und nichts hat je mehr gestimmt als das. Dieser Obstsalat hat sie wirklich nicht mehr alle oder doch, er hat sie tatsächlich alle, denn hier wird eine unschuldige Wassermelone mit allem gefüllt, was nicht bei drei auf den Bäumen ist: mit Früchten, Süßigkeiten, Chilipulver und einer rasch selbst gemachten Chamoy-Sauce, der unbestritten besten süß-scharf-säuerlichen Sauce ever.

1 Für die Chamoy-Sauce: In einer mittelgroßen Schüssel Aprikosenmarmelade, Pflaumenmarmelade, Chilipulver und Limettensaft verrühren. Die Mischung durch ein feinmaschiges Sieb in eine kleine Schüssel passieren und beiseitestellen. Die festen Bestandteile im Sieb entsorgen.

2 Für die Wassermelone: Von einer Seite der Wassermelone ein gut ½ Zentimeter breites Stück nur der Schale abschneiden, damit die Melone stabil auf dem Schneidbrett liegt. Von der gegenüberliegenden Seite ein rund 10 Zentimeter breites Stück abschneiden (noch mehr *over the top* wird die Präsentation, wenn das Stück im Zickzackmuster abgeschnitten wird). Mit einem Melonenkugelausstecher etwas Fruchtfleisch ausstechen und beiseitestellen. Das restliche Fruchtfleisch mit einem großen Löffel herausheben und in Stücke schneiden. Die Stücke wieder in die ausgehöhlte Melone geben; übrig gebliebenes Fruchtfleisch für eine andere Verwendung aufbewahren.

3 Etwas Chamoy-Sauce über die gefüllte Wassermelone träufeln und anschließend ein wenig Chili-Limetten-Würzmischung darüberstreuen. Mit den gewünschten Toppings belegen, dabei zwischendurch immer wieder mit Chamoy-Sauce beträufeln und mit Chili-Limetten-Würzmischung bestreuen. Sofort servieren.

8–10 PORTIONEN

Für die Chamoy-Sauce
400 g Aprikosenmarmelade

400 g Pflaumenmarmelade

60 g Chilipulver

60 ml Limettensaft, frisch gepresst

Für die Wassermelone
1 Wassermelone (6,5–9 kg)

Chili-Limetten-Würzmischung (Tajin)

Over-the-Toppings
Wassermelonenkügelchen

Cantaloupemelonenkügelchen

Honigmelonenkügelchen

Kiwi-Sterne

Mangoscheiben

Blaubeeren

Erdbeeren

Orangenscheiben

Limettenspalten

Weingummi

Popping Candy

Saure Schnüre (Weingummi)

Süßigkeiten in Fischform

Lollis

Tamarind Straws

scharfe Tortillachips

Wasabinüsse

Cocktailschirmchen

Regenbogen-Wunderkerzen

Riesenbrezel
MIT HONIG-SENF-FÜLLUNG

8 PORTIONEN

1½ TL Zucker

1¼ TL Trockenhefe

250 g Mehl + etwas mehr
für die Arbeitsfläche

1½ TL Meer- oder Steinsalz

2 EL Olivenöl

120 g zimmerwarmer
Doppelrahmfrischkäse

2 EL körniger Dijonsenf

1 EL Senf

4 TL Honig

2 EL Butter, zerlassen

40 g Honig-Senf-
Snackbrezeln, zerkrümelt

Der beste Dip für Salzstangen ist ein Honig-Senf-Dip, keine Frage.
Doch haben wir nicht alle schon einmal davon geträumt, dass sich
der Dip als würzig-cremige Füllung *im Inneren* einer riesigen Brezel
befindet? Natürlich haben wir das! Und heute nun ist der Tag, an dem
dieser Traum Wirklichkeit wird. Honig. Zwei verschiedene Sorten Senf.
Frischkäse. Eine riesengroße, selbst gebackene, herrlich weiche
Brezel. Und obendrauf noch die zerkrümelten, süchtig machenden
kleinen Honig-Senf-Snackbrezeln. Diese Brezel muss sich in Sachen
over the top wahrlich nicht verstecken – kann sie auch gar nicht …

1 In einer großen Schüssel den Zucker mit 180 Milliliter warmem
Wasser verrühren. Die Hefe unterrühren und die Mischung 5 Minuten ruhen lassen, bis die Oberfläche trüb wird.

2 Mehl, Salz sowie 1 Esslöffel Öl zur Hefemischung geben und
alles mit einem Holzlöffel gründlich zu einer festen Teigkugel verrühren. Die Kugel aus der Schüssel nehmen, die Schüssel mit dem
restlichen Öl einfetten und den Teig wieder in die Schüssel legen.
Mit einem sauberen Geschirrtuch oder Klarsichtfolie bedeckt an
einem warmen Ort 1 Stunde gehen lassen, bis der Teig sein Volumen verdoppelt hat.

3 Den Backofen auf 200 °C vorheizen und einen Ofenrost in
der Mitte in den Backofen schieben. Ein Backblech mit Backpapier
belegen.

4 In einer kleinen Schüssel Frischkäse, körnigen Dijonsenf,
Senf und Honig mit einer Gabel zu einer glatten Paste verrühren.
Beiseitestellen.

Fortsetzung ➔

5 Den Teig auf die leicht bemehlte Arbeitsfläche geben und von Hand oder mit einem Nudelholz zu einem etwa 75 Zentimeter langen und 10 Zentimeter breiten Streifen flach drücken. Die Frischkäsemischung längs in der Mitte auf dem Teig verteilen, dabei oben und unten einen rund 2½ Zentimeter breiten Rand frei lassen. Die Seiten des Teigstreifens über die Füllung schlagen und die Ränder andrücken. Den Teig umdrehen, sodass die Naht unten ist, und etwas rollen, um den Teigstrang zu verschließen und wieder auf 75 Zentimeter zu längen.

6 Den gefüllten Teigstrang auf dem vorbereiteten Backblech vorsichtig zu einer Brezel formen: Die Enden in der Hand halten, ein U formen, dann die Enden umeinanderdrehen und mit dem Boden des U verbinden. In 25 bis 30 Minuten im Ofen goldbraun backen.

7 Die fertige Riesenbrezel mit der zerlassenen Butter bestreichen und mit den zerkrümelten Honig-Senf-Snackbrezeln bestreuen. Die Krümel dabei sanft andrücken. Die Riesenbrezel mit Honig-Senf-Füllung sofort servieren.

Ranch Popcorn
CHEX MIX

10 PORTIONEN

100 g Weizentaschen-
Frühstücksflocken, z. B.
Wheat Chex

100 g Maistaschen-Früh-
stücksflocken, z. B. Corn Chex

100 g Reistaschen-Früh-
stücksflocken, z. B. Rice Chex

240 g Snackbrezeln

120 g Bagel-Chips

280 g ungeröstete und
ungesalzene gemischte Nüsse

115 g Butter

60 g Ranch-Gewürzmischung

200 g White Cheddar Popcorn

Diese Knabberei ist denjenigen gewidmet, die nach Ranch-Dressing süchtig sind (also praktisch allen). Hier werden die üblichen Verdächtigen der Snackmischung Chex Mix – darunter auch die eindeutigen Stars der Mischung, Bagel-Chips – in Ranch-Gewürz gewendet und anschließend geröstet. Und um das Ganze *over the top* zu katapultieren, gesellt sich auch noch pikantes, knuspriges Cheddar-Popcorn hinzu. Mehr geht nicht.

1 Den Backofen auf 120 °C vorheizen und einen Ofenrost in der Mitte in den Backofen schieben.

2 In einer großen Schüssel Frühstücksflocken, Snackbrezeln, Bagel-Chips und Nüsse vermengen.

3 Die Butter in einer kleinen Pfanne bei niedriger Temperatur zerlassen. Die Pfanne vom Herd nehmen und die Ranch-Gewürzmischung unter die Butter rühren. Die Frühstücksflockenmischung mit der Ranch-Butter beträufeln und alles noch einmal gründlich vermengen.

4 Die Frühstücksflockenmischung auf einem tiefen Backblech verteilen und 1 Stunde im Ofen rösten, dabei alle 15 Minuten umrühren. Anschließend 30 Minuten auf dem Backblech abkühlen lassen und danach in eine große Schüssel füllen. Das Popcorn dazugeben und mit der Frühstücksflockenmischung vermengen. Sofort servieren oder in einen luftdicht verschließbaren Behälter geben. So hält sich der Ranch Popcorn Chex Mix bei Zimmertemperatur bis zu 2 Wochen.

EVERYTHING-BAGEL-
Maisbrotschnitten

Auf den ersten Blick scheinen dies nur schlichte Maisbrotschnitten mit Everything-Bagel-Gewürzmischung darauf zu sein. Auch lecker, aber nichts Besonderes. Ihre wahre *Over the Top*-Qualität offenbaren die Teilchen erst, wenn man in sie hineinbeißt: Dann nämlich trifft man auf eine herrlich cremige und wunderbar pikante Frühlings-zwiebel-Frischkäse-Füllung, die die Schnitten nicht nur zu perfekten Begleitern von Drinks, sondern auch zu idealen Dinner- und Brunch-happen machen.

1 Den Backofen auf 200°C vorheizen und einen Ofenrost in der Mitte in den Backofen schieben. Eine quadratische Backform (20 x 20 cm) mit Antihaft-Kochspray einsprühen.

2 Die Butter in einem kleinen Topf bei niedriger Temperatur zer-lassen. Den Topf vom Herd nehmen und Milch sowie Zitronensaft mit der Butter verrühren. Die Mischung beiseitestellen.

3 In einer großen Schüssel Maisgrieß, Mehl, Zucker, Backpulver, Natron und Salz verrühren. Die Eier sowie die Butter-Milch-Mischung hinzufügen und kurz unterrühren (nicht zu lange rühren – es ist in Ordnung, wenn die Mischung noch etwas klumpig ist). Frischkäsewürfel und Frühlingszwiebelringe dazugeben und mit einem Silikonspatel unter den Teig heben; die Frischkäsewürfel sollten dabei möglichst intakt bleiben.

4 Den Teig in die vorbereitete Backform füllen und glatt streichen. Mit der Everything-Bagel-Gewürzmischung bestreuen und rund 20 Minuten im Ofen backen, bis an einem in der Mitte hinein-gesteckten Holzspieß kein Teig mehr hängen bleibt. Anschließend vollständig in der Form abkühlen lassen, dann in 9 Schnitten schneiden und servieren.

9 SCHNITTEN

Antihaft-Kochspray

115 g Butter

240 ml Milch

1 EL Zitronensaft, frisch gepresst

170 g feiner Maisgrieß (Polenta)

110 g Mehl

2 EL Zucker

1 TL Backpulver

1 TL Natron

1 TL Meer- oder Steinsalz

3 Eier (Größe L)

225 g kalter Doppelrahm-frischkäse, in 1 cm große Würfel geschnitten

4 Frühlingszwiebeln, in feine Ringe geschnitten

3 EL Everything-Bagel-Gewürzmischung

NACHO-*Turm*

4 PORTIONEN

1 rote Zwiebel, abgezogen und grob gehackt

120 ml Weißweinessig

1 EL Olivenöl

400 g extrafester Tofu, abgegossen und trocken getupft, oder 450 g Hackfleisch nach Wahl

Meer- oder Steinsalz

schwarzer Pfeffer, frisch gemahlen

»Warum werden hier Nachos aufeinandergestapelt?«, fragst du dich vielleicht gerade. Nur zur Erinnerung: Dieses Buch heißt *Over the Top*, also heb dir die Logik für andere Kochbücher auf und vertraue darauf, dass in Käsesauce gehüllte Nachochips, die zusammen mit schwarzen Bohnen und allerlei anderem einen Turm bilden, genau die Art sind, auf die Nachos von jetzt an gegessen werden sollten.

1 Mit einem Dosenöffner den oberen Rand einer Kaffeedose abschneiden, dann auch den Boden entfernen. Den sich ergebenden Zylinder auf eine Servierplatte geben und beiseitestellen. (Alternativ einen ausreichend großen Küchenring verwenden.)

2 Rote Zwiebel und Weißweinessig in eine⁻ kleinen Schüssel verrühren. Ebenfalls beiseitestellen.

3 Das Öl in einer großen Pfanne bei mittlerer bis hoher Temperatur erhitzen. Den Tofu hineingeben und mit einem Holzlöffel in kleine Stücke zerteilen. Großzügig mit Salz sowie Pfeffer würzen. Etwa 5 Minuten weiterbraten und dabei weiter zerteilen, bis der Tofu die Konsistenz von Hackfleisch und ein wenig Feuchtigkeit verloren hat. (Wer gleich Hackfleisch verwendet, brät dies 5 bis 10 Minuten in dem Öl.) Die Salsa verde hinzufügen und alles 5 Minuten köcheln lassen, bis die Salsa leicht einreduziert ist. Die Pfanne vom Herd nehmen und den Koriander unter die Tofumischung rühren. Beiseitestellen.

4 In der Zwischenzeit den Scheiblettenkäse und die Milch in einen kleinen Topf geben. Bei niedriger Temperatur unter gelegentlichem Rühren rund 5 Minuten erhitzen, bis der Käse vollständig geschmolzen und eine glatte Mischung entstanden ist. Die Käsesauce beiseitestellen.

5 Die rote Zwiebel abgießen. 1 Lage Nachochips in die vorbereitete Kaffeedose füllen und am Boden an der Servierplatte andrücken. Dabei in grobe Stücke zerkrümeln. Jeweils ein Drittel der Tofumischung, der schwarzen Bohnen, der Käsesauce sowie der Zwiebel daraufgeben und darauf wiederum 1 Lage Nachochips drücken. So fortfahren, bis Tofumischung, Bohnen, Käsesauce, Zwiebel und Nachochips aufgebraucht sind. Dabei immer wieder andrücken, sodass eine kompakte Masse entsteht.

6 Vorsichtig die Kaffeedose entfernen und den Nacho-Turm sofort servieren. Salsa, Guacamole und Salsa con queso dazu servieren.

450 g Salsa verde
aus dem Glas

30 g frische Korianderblätter,
grob gehackt

12 Scheiben Scheiblettenkäse

120 ml Milch

275 g Nachochips mit Käse,
z. B. Doritos

1 Dose schwarze Bohnen
(400 g), abgegossen und
abgespült

Salsa, Guacamole und Salsa
con queso zum Servieren

Außerdem
1 leere Kaffeedose, ausgespült
und getrocknet

HUSH PUPPY
Jalapeño Poppers

Dieses Gericht vereint alle deine Lieblingssnacks in einem Happen: Mozzarella-Sticks, Jalapeño Poppers und Hush Puppies, die in der amerikanischen Südstaatenküche (und nicht nur dort) so außerordentlich beliebten frittierten kleinen Bällchen aus Maismehl, Eiern, Milch, Backpulver und Zwiebeln. Wer braucht da noch gemischte Vorspeisen?

1 Packung Maismuffin-Backmischung (240 g)

1 Ei (Größe L)

240 ml Milch

30 g Mehl

½ TL Meer- oder Steinsalz

½ TL schwarzer Pfeffer, frisch gemahlen

6 Stangen String Cheese

12 Jalapeño-Chilischoten

960 ml Pflanzenöl

Marinara-Sauce, Sauce tartare und Salsa con queso zum Servieren

1 In einer großen Schüssel Maismuffin-Backmischung, Ei, Milch, Mehl, Salz und Pfeffer verrühren. Zugedeckt 30 Minuten kühl stellen (in dieser Zeit wird der Teig andicken).

2 In der Zwischenzeit die String-Cheese-Stangen quer halbieren, sodass insgesamt 12 Stücke entstehen. Den oberen ½ Zentimeter vom Stielende der Jalapeño-Chilischoten abschneiden und entsorgen. Mit dem Stiel eines Suppenlöffels Kerne und Kerngehäuse aus den Jalapeños kratzen, dabei die Schote intakt lassen. In jede Jalapeño 1 Stück String Cheese stecken. Zugedeckt zum Teig in den Kühlschrank legen.

3 Das Öl in einem Schmortopf mithilfe eines Küchenthermometers bei mittlerer bis hoher Temperatur auf 175 °C erhitzen. Die Jalapeños mithilfe einer Zange portionsweise durch den Teig ziehen und anschließend etwa 4 Minuten in dem heißen Öl frittieren; dabei gelegentlich wenden. Auf einem Ofenrost oder Küchenpapier abtropfen und rund 5 Minuten abkühlen lassen. Mit Marinara-Sauce, Sauce tartare und Salsa con queso zum Dippen servieren.

SIEBEN-SCHICHTEN-
Chips-Dip

8 PORTIONEN

8 PORTIONEN

8 Maistortillas (15 cm Ø)

2 EL Olivenöl

2 EL Tacogewürz

1 Glas rotes Paprikagelee
(340 g)

225 g zimmerwarmer
Doppelrahmfrischkäse

1 Glas Guacamole (450 g)

1 Glas (Französischer)
Zwiebeldip (425 g)

1 Glas Schwarze-Bohnen-Dip
(450 g)

1 Glas Salsa con queso (425 g)

1 Flasche Ranch-Dressing
(450 ml)

1 Glas Pico de gallo (425 g)

Warum die Dinge kompliziert machen, wenn man alles haben kann? Das ist unser Mantra im Leben und unser Mantra in Sachen Dips. Hier warten sieben Favoriten – von Guacamole bis Ranch-Dressing – in einer Schale darauf, von neugierigen Chips erkundet zu werden. Entweder arbeitest du dich dabei Schicht für Schicht vor oder gehst dem Dip gleich auf den Grund und lädst dir (Trommelwirbel bitte!) rotes Paprikagelee, Guacamole, Französischen Zwiebeldip, Schwarze-Bohnen-Dip, Salsa con queso, Ranch-Dressing und Pico de gallo auf einmal auf deinen Tortillachip. Es ist diese Mischung aus pikant und süß, die den Dip erst zu einem richtigen Erlebnis macht. Und apropos Chips: Die werden im Ofen selbst gebacken und mit Tacogewürz aufgepeppt. Also ran an den Dip!

1 Den Backofen auf 175 °C vorheizen und je einen Ofenrost im oberen und unteren Drittel in den Backofen schieben.

2 Die Tortillas übereinander auf ein Schneidbrett legen und wie eine Pizza in Achtel schneiden. In eine große Schüssel geben, Olivenöl sowie Tacogewürz hinzufügen und gründlich vermengen.

3 Die gewürzten Tortillastücke nebeneinander auf zwei Backblechen verteilen (pro Backblech vier Reihen à 8 Stücke). 20 bis 25 Minuten im Ofen backen, bis die Chips goldbraun und knusprig sind. Nach der Hälfte der Backzeit die Bleche tauschen. Die Chips anschließend vollständig auf den Backblechen abkühlen lassen.

4 In der Zwischenzeit in einer kleinen Schüssel Paprikagelee und Frischkäse verrühren. Die Mischung gleichmäßig auf dem Boden einer großen Dipschale verteilen. Die Guacamole daraufgeben, glatt streichen. Den Zwiebeldip daraufgeben und ebenfalls glatt streichen. Anschließend den Schwarze-Bohnen-Dip und die Salsa con queso daraufschichten. Das Ranch-Dressing darübergießen und mit Pico de gallo abschließen. Zugedeckt mindestens 30 Minuten oder bis zu 4 Stunden kühl stellen. Den Sieben-Schichten-Dip mit den Chips servieren.

Ofenbrie MIT SPINAT & ARTISCHOCKE

1 EL Olivenöl

2 Knoblauchzehen, abgezogen und in feine Scheiben geschnitten

300 g TK-Spinat, aufgetaut und abgetropft

1 Dose Artischockenherzen (240 g), abgegossen

30 g geriebener Mozzarella

25 g Parmesan, frisch gerieben

2 EL saure Sahne

2 EL Mayonnaise

½ TL Meer- oder Steinsalz

¼ TL schwarzer Pfeffer, frisch gemahlen

¼ TL Chiliflocken

2 Blatt TK-Blätterteig, aufgetaut

Mehl für die Arbeitsfläche

1 Tortenbrie (225 g)

1 Ei (Größe L)

60 g geriebener Cheddar

1 TL frische Schnittlauchröllchen

Cracker zum Servieren

Wer es bis hierher im Buch geschafft hat, weiß inzwischen, dass *over the top* gleich pures Vergnügen ist. Warum also nicht zwei wahr gewordene Appetizer-Träume zusammenbringen: warmen, cremigen Ofenbrie und köstlichen Spinat-Artischocken-Dip? Letzteren einfach auf einen Tortenbrie häufen, diesen in Blätterteig hüllen und das Ganze goldbraun im Ofen backen. Dann heißt es, alle Vornehmheit hinter sich lassen und den Ofenbrie mit Messer, Löffel, Gabel oder Crackern attackieren, bis man glückselig im Stuhl zurücksinkt.

1 Den Backofen auf 190 °C vorheizen und einen Ofenrost in der Mitte in den Backofen schieben. Ein tiefes Backblech mit Backpapier belegen.

2 Das Öl in einer großen Pfanne bei mittlerer Temperatur erhitzen. Den Knoblauch hineingeben und in etwa 4 Minuten in dem Öl weich dünsten, bis er zu duften beginnt. Spinat, Artischockenherzen, Mozzarella, Parmesan, saure Sahne, Mayonnaise, Salz, schwarzen Pfeffer und Chiliflocken hinzufügen. Unter gelegentlichem Rühren rund 4 Minuten mitdünsten, bis der Käse geschmolzen und eine zähflüssige Mischung entstanden ist.

3 In der Zwischenzeit den Blätterteig etwas überlappend auf die leicht bemehlte Arbeitsfläche legen und zu einem Quadrat (ca. 35 x 35 cm) ausrollen. Anschließend den Teig auf das vorbereitete Backblech legen. Den Tortenbrie mittig darauflegen und oben sowie an den Seiten gleichmäßig mit der Spinat-Artischocken-Mischung bestreichen.

4 Den Blätterteig von den Ecken her über den Käse schlagen und die Ränder versiegeln. Das Ei mit 1 Esslöffel Wasser verrühren und den Blätterteig mit der Mischung bestreichen. Mit dem Cheddar bestreuen und das Käsepäckchen etwa 30 Minuten im Ofen backen, bis der Teig blättrig und goldbraun ist. Mit Schnittlauchröllchen garniert sofort servieren. Die Cracker dazu servieren.

Frito-Pie-Dip
MIT KÄSE

Warum sich mit einer Minitüte Maischips zufriedengeben, wenn man auch eine große Tüte aufschneiden und das Ganze zu einem geselligen Event machen kann? Im Gegensatz zum traditionellen Frito-Pie-Rezept werden hier die Chips zerdrückt und mit einem warmen, vegetarischen (pssst!) Käse-Bohnen-Dip in die Tütenschale geschichtet. Darauf setzen wir noch ein paar frische Zutaten (und natürlich noch mehr Käse), dann ist jeder auf sich selbst gestellt. Für diesen Dip lohnt es sich, schnell zu sein!

1 Mit einem scharfen Messer ein Rechteck aus der Vorderseite der Chipstüte schneiden, dabei einen 2½ Zentimeter breiten Rand stehen lassen. Die Chips in einen großen Zipbeutel geben, den Beutel verschließen und die Chips in kleine Stücke zerdrücken.

2 In einem Topf Essig, Zucker sowie Salz mit 60 Milliliter Wasser bei mittlerer bis hoher Temperatur zum Kochen bringen und dabei rühren, bis sich Zucker und Salz aufgelöst haben. Den Topf vom Herd nehmen und Chili sowie Zwiebel hineingeben. Beiseitestellen.

3 **Für den Dip:** Das Öl in einem mittelgroßen Topf bei mittlerer bis hoher Temperatur erhitzen. Tomatenmark sowie Tacogewürz hineingeben und unter gelegentlichem Rühren etwa 2 Minuten rösten, bis die Mischung zu duften beginnt. Bohnen, Salz und Bier unterrühren. Die Mischung aufkochen und anschließend zugedeckt bei mittlerer bis niedriger Temperatur etwa 10 Minuten köcheln lassen, bis die Bohnen weich sind. Den Topf vom Herd nehmen und die Bohnen grob mit einem Holzlöffel zerdrücken. Den Cheddar unterrühren und in der Mischung schmelzen lassen.

4 Etwa die Hälfte der zerdrückten Maischips auf dem Boden der Tütenschale verteilen. Den Dip daraufgeben und mit einem Löffel bis in die Ecken streichen. Mit den restlicher zerdrückten Maischips bedecken und diese mit der fein gehackten Tomate bestreuen. Chili sowie Zwiebel abgießen und auf die Tomate geben. Mit dem geriebenen Cheddar bestreuen und Kleckse saurer Sahne daraufsetzen. Mit Schnittlauchröllchen garniert sofort servieren. Die Tortillachips dazu servieren.

6 PORTIONEN

1 Tüte frittierte Maischips, z. B. Fritos (260 g)

60 ml Weißweinessig

1 TL Zucker

1 TL Meer- oder Steinsalz

1 Jalapeño-Chilischote, entstielt, entkernt und fein gehackt

½ rote Zwiebel, abgezogen und fein gehackt

Für den Dip

1 EL Olivenöl

180 g Tomatenmark

2 EL Tacogewürz

1 Dose Pintobohnen (440 g), abgegossen und abgespült

½ TL Meer- oder Steinsalz

360 ml helles Bier

30 g geriebener Cheddar

1 Pflaumentomate, fein gehackt

60 g geriebener Cheddar

60 g saure Sahne

1 EL feine Schnittlauchröllchen

Tortillachips zum Servieren

TEUFLISCH SCHARFE
Elotes

Elotes – mexikanische Streetfood-Maiskolben – sind ja an sich schon eine Sensation, doch wird der Mais auch noch in Maischips gewendet, entsteht ein Gericht, das das Attribut *over the top* mehr als verdient hat. In Mexiko werden die Elotes gegrillt, mit Mayo sowie Cotija-Käse bestrichen und zum Schluss noch mit Chilipulver bestäubt (näher kann Gemüse einer Offenbarung kaum kommen). Wir ersetzen das Chilipulver durch zerdrückte Flamin' Hot Cheetos, die dem Gericht noch eine Extrarunde Maisgeschmack und süchtig machende scharfe Gewürze spendieren. Wir sagen: Hot!

4 PORTIONEN

4 Maiskolben mit Hülse

60 ml Mayonnaise

5 EL zerkrümelter Cotija-Käse (alternativ: Parmesan, frisch gerieben)

1 Tüte scharfe Käsesnacks (240 g), z. B. Flamin' Hot Cheetos

1 EL Olivenöl

1 Bio-Limette, geviertelt, zum Garnieren

1 Die Maiskolben in einer großen Schüssel 30 Minuten in Wasser einweichen.

2 In der Zwischenzeit den Grill auf mittlere bis hohe Temperatur vorheizen oder eine Grillpfanne bei mittlerer bis hoher Temperatur erhitzen. Die Maiskolben aus dem Wasser nehmen und mit Hülse auf den Grill oder in die Grillpfanne legen. Etwa 5 Minuten auf jeder Seite rösten, bis die Hülsen hier und da schwarze Stellen aufweisen. Die Maiskolben auf einen Teller legen und rund 10 Minuten abkühlen lassen.

3 In der Zwischenzeit in einer kleinen Schüssel die Mayonnaise mit 3 Esslöffel Cotija-Käse verrühren. Beise testellen.

4 Die Käsesnacks in die Küchenmaschine geben und in etwa 30 Sekunden zu groben Krümeln verarbeiten. Auf einen großen Teller geben und beiseitestellen.

5 Die Hülsen von den Maiskolben zurück-, aber nicht ganz abziehen. Die Maisseide entfernen und entsorgen. Eine Hülsenschicht von jedem Maiskolben abziehen und um die restliche Hülse binden.

6 Die Maiskolben rundum mit dem Öl bepinseln und wieder auf den Grill oder in die Grillpfanne legen. Weitere 3 Minuten auf jeder Seite rösten, bis auch sie hier und da schwarze Stellen aufweisen.

7 Die Maiskolben auf eine Servierplatte legen und sofort mit der Mayo-Käse-Mischung bestreichen. Anschließend gründlich in den Käsesnackkrümeln wenden, die Krümel dabei vorsichtig andrücken. Die Maiskolben wieder auf die Servierplatte legen und mit dem restlichen Cotija-Käse bestreuen. Die Limettenviertel neben den Maiskolben anrichten und sofort servieren.

ALLES AUS
10–12 PORTIONEN
dem Meer

Dies hier ist kein Käseteller. Es sind auch keine Chips mit verschiedenen Dips. Und es ist keine Platte mit erlesenen Wurstspezialitäten. Nein, das hier ist ganz große Oper, das Nonplusultra, das *Over the Top* des *Over the Top* – eine Ansammlung von Fisch- und Meeresfrüchteköstlichkeiten, die man nur guten (*wirklich* guten) Freunden und Freundinnen serviert. Such dir je nach Budget ein paar der unten stehenden Rezepte aus. Oder lass es krachen und bereite alles zu. Seifenblasenmaschine und Walgesänge sind optional, aber dringend empfohlen.

CLAMS CASINO

24 Venusmuscheln (ca. 1 kg)

900 g Meer- oder Steinsalz + etwas mehr zum Einweichen der Muscheln

2 EL Butter

4 dicke Scheiben Bacon, in Würfel geschnitten

2 Knoblauchzehen, abgezogen und fein gehackt

70 g Semmelbrösel

1 EL geriebener Parmesan

schwarzer Pfeffer, frisch gemahlen

1 EL frische Petersilie, fein gehackt

1 Die Muscheln in eine große Schüssel mit Salzwasser geben und 30 Minuten einweichen, um kleine Kiesel und Sand herauszuwaschen. Vorsichtig aus der Schüssel nehmen, damit der Sand in der Schüssel bleibt, und mit einer Bürste unter fließendem kaltem Wasser gründlich säubern. Muscheln, die sich bereits geöffnet haben, entsorgen.

2 Einen großen Topf 5 Zentimeter hoch mit Wasser füllen und dieses bei hoher Temperatur zum Kochen bringen. Die Muscheln hineingeben und zugedeckt etwa 5 Minuten kochen, bis sie sich öffnen. Abgießen und Muscheln, die sich nicht geöffnet haben, entsorgen. Beiseitestellen.

3 Die Butter in einer großen Pfanne bei mittlerer Temperatur zerlassen. Den Bacon unter gelegentlichem Rühren in rund 5 Minuten darin goldbraun und knusprig braten. Den Knoblauch hinzufügen und unter Rühren etwa 1 Minute mitbraten. Die Pfanne vom Herd nehmen und Semmelbrösel sowie Parmesan unter die Mischung rühren. Mit Salz und Pfeffer würzen.

4 Den Ofengrill vorheizen und einen Ofenrost rund 15 Zentimeter unter dem Grill in den Backofen schieben.

5 900 Gramm Salz auf einem tiefen Backblech verteilen. Die leeren Muschelschalenhälften entfernen, die anderen Hälften in das Salz setzen. Die Semmelbröselmischung daraufgeben. Die Muscheln 2 bis 3 Minuten unter dem Ofengrill überbacken, bis die Semmelbrösel geröstet sind. Mit Petersilie garniert servieren.

MIESMUSCHELN IN WEISSWEIN

450 g Miesmuscheln

Meer- oder Steinsalz

1 EL Olivenöl

1 kleine Schalotte, abgezogen und fein gehackt

2 Knoblauchzehen, abgezogen und fein gehackt

2 Zweige Thymian

60 ml trockener Weißwein

1 Bio-Zitrone, halbiert

1 EL Butter

2 EL frische Petersilie, fein gehackt

1 Die Muscheln in eine große Schüssel mit Salzwasser geben und 30 Minuten einweichen, um kleine Kiesel und Sand herauszuwaschen. Vorsichtig aus der Schüssel nehmen, damit der Sand in der Schüssel bleibt, und mit einer Bürste unter fließendem kaltem Wasser gründlich säubern. Muscheln, die sich bereits geöffnet haben, entsorgen. Von den restlichen Muscheln den Bart entfernen und ebenfalls entsorgen.

2 Das Öl in einem großen Topf bei mittlerer Temperatur erhitzen. Schalotte, Knoblauch sowie Thymian hineingeben und unter gelegentlichem Rühren etwa 5 Minuten dünsten, bis die Schalotte weich ist. Die Muscheln hinzufügen und in der Mischung wenden. Den Wein angießen und den Zitronensaft in den Topf pressen. Die Flüssigkeit zum Köcheln bringen und anschließend die Muscheln zugedeckt rund 5 Minuten dämpfen, bis sie sich öffnen.

3 Den Topf vom Herd nehmen. Muscheln, die sich nicht geöffnet haben, entsorgen. Butter sowie Petersilie unterrühren und sofort servieren.

GARNELEN NACH CAJUN-ART

450 g Garnelen ohne Schwanz, geschält und vom Darmfaden befreit

1 rote Paprikaschote, in Würfel geschnitten

1 Andouille-Wurst, in ½ cm dicke Stücke geschnitten

1 EL Olivenöl

Meer- oder Steinsalz

schwarzer Pfeffer, frisch gemahlen

1 TL geräuchertes Paprikapulver

1 TL Knoblauchpulver

½ TL Zwiebelpulver

½ TL getrockneter Oregano

½ TL Chiliflocken

½ TL Cayennepfeffer

1 Den Backofen auf 200 °C vorheizen und einen Ofenrost in der Mitte in den Backofen schieben.

2 Garnelen, Paprikawürfel und Wurststücke auf einem tiefen Backblech verteilen. Mit Olivenöl beträufeln und mit Salz sowie Pfeffer würzen. Alles vermengen und anschließend etwa 10 Minuten im Ofen garen, bis die Garnelen dunkelrosa sind.

3 In der Zwischenzeit in einer mittelgroßen Servierschüssel Paprikapulver, Knoblauchpulver, Zwiebelpulver, Oregano, Chiliflocken und Cayennepfeffer verrühren.

4 Die Garnelenmischung zur Gewürzmischung geben und darin wenden. Sofort servieren.

THUNFISCHSALAT MIT WASABI

2 Dosen Thunfisch (à ca. 140 g) im eigenen Saft oder in Öl

60 ml Mayonnaise

1 TL Wasabi-Paste

1 TL Reisessig

Saft von ½ Limette

1 Packung Seetang-Snacks (ca. 20 g), in feine Stücke geschnitten

1 EL Sesamsamen, geröstet

Den Thunfisch abgießen und in eine mittelgroße Schüssel geben. Mayonnaise, Wasabi-Paste, Reisessig, Limettensaft und Seetang-Snacks dazugeben. Alles verrühren und mit gerösteten Sesamsamen bestreut servieren.

Fortsetzung →

KRABBENCOCKTAIL

1 Bio-Zitrone, halbiert

2 Stängel Petersilie

1 EL Meer- oder Steinsalz

1 EL ganze schwarze
Pfefferkörner

450 g Garnelen mit
Schwanz, geschält und
vom Darmfaden befreit

140 ml Cocktailsauce

1 Einen großen Topf mit Wasser füllen. Den Saft der Zitrone hineinpressen und die ausgepressten Zitronenhälften hineingeben. Petersilie, Salz und Pfefferkörner dazugeben. Das Wasser bei hoher Temperatur zum Kochen bringen, dann den Topf vom Herd nehmen. Die Garnelen hineingeben und etwa 3 Minuten in dem heißen Wasser pochieren, bis sie dunkelrosa sind.

2 Die Garnelen in eine Schüssel mit Eiswasser geben (falls die Hummerschwänze und/oder die Pellkartoffeln ebenfalls zubereitet werden, die Pochierflüssigkeit aufbewahren). Bis zu 1 Stunde beiseitestellen, dann abgießen. (Werden die Garnelen nicht sofort serviert, in ein feuchtes Küchenpapier wickeln und in einem Zipbeutel bis zu 2 Tage im Kühlschrank aufbewahren.) Die Cocktailsauce in eine Servierschale geben, die Garnelen darin anrichten und den Krabbencocktail servieren.

HUMMERSCHWÄNZE

4 Hummerschwänze   4 EL Butter

1 Die Pochierflüssigkeit vom Krabbencocktailrezept erneut zum Kochen bringen und die Hummerschwänze hineingeben. Etwa 5 Minuten darin garen, bis die Hummerschwänze dunkelrot sind und ein in der Mitte hineingestecktes Küchenthermometer 60 °C anzeigt. Die Hummerschwänze in eine Schüssel mit Eiswasser geben, das Wasser im Topf aufbewahren.

2 Die Butter in einer mikrowellengeeigneten Dipschale auf hoher Stufe in etwa 30 Sekunden in der Mikrowelle zerlassen. Die Hummerschwänze aus dem Eiswasser nehmen und mit der zerlassenen Butter servieren. Nach Belieben Zitronenspalten dazu servieren.

PELLKARTOFFELN, WEICH GEKOCHTE EIER UND MAIS

225 g Frühkartoffeln
6 Eier (Größe L)

4 Maiskolben ohne Hülse, halbiert

Die Garflüssigkeit vom Krabbencocktail- und Hummerschwanzrezept erneut zum Kochen bringen. Die Kartoffeln hineingeben und 3 Minuten darin garen. Die Eier dazugeben und 2 Minuten weitergaren. Den Mais hinzufügen und alles weitere 5 Minuten garen, dann abgießen. Mit einer Zange die Eier in Eiswasser legen; wenn sie ausreichend abgekühlt sind, pellen und halbieren. Zitrone und Petersilie entsorgen. Kartoffeln und Mais auf eine Servierplatte geben und mit den weich gekochten Eiern servieren.

CEVICHE

450 g Kabeljau, in ca. 1 cm große Würfel geschnitten

225 g Ananaswürfel aus der Dose mitsamt Saft

Saft von 1–2 Limetten

1 Jalapeño-Chilischote, entkernt und gewürfelt

2 EL gehackter frischer Koriander

Meer- oder Steinsalz

schwarzer Pfeffer, frisch gemahlen

Die Kabeljauwürfel in eine mittelgroße Servierschüssel geben. Ananaswürfel mitsamt Saft, Limettensaft, Chili sowie Koriander dazugeben und alles gründlich vermengen. Mit Salz und Pfeffer würzen und 30 Minuten bei Zimmertemperatur ziehen lassen. Alternativ vor dem Servieren bis zu 4 Stunden kühl stellen.

ZUM SERVIEREN

Sardinen aus der Dose
Bio-Zitronenspalten
geröstetes Weißbrot

Tortillachips
Seetang-Snacks
Sauce tartare

Die zubereiteten Gerichte gemeinsam mit diesen Beilagen auf einer großen Platte anrichten und servieren.

Pizza-Croquembouche
À LA SURPRISE

4–6 PORTIONEN

400 g Pizzateig
aus dem Kühlregal

Mehl für die Arbeitsfläche

Tomatensauce, Alfredo-Sauce,
Pesto, geriebener Mozzarella,
Peperoni, gekochter Schinken,
gewürfelt, Ananas, gebratener
Bacon und Ranch-Dressing
zum Füllen

50 g Parmesan, frisch gerieben

Außerdem
Zahnstocher

Ja, es gibt *mindestens* fünf verschiedene Pizza-Kombis, die du in die kleinen Teigbällchen packen kannst. Doch besteht die *surprise* nicht darin, reinzubeißen und sich zu fragen, welche Kombi jetzt welche ist (die mit dem Pesto schmeckt man ohnehin immer raus). Nein, die wahre Überraschung ist, wie elegant Pizza plötzlich aussehen kann, wenn man sie zu einer wunderschönen Pyramide, bekannt als Croquembouche, stapelt. Die besteht eigentlich aus kleinen Windbeuteln, die von karamellisierten Zuckerfäden zusammengehalten werden, doch haben wir uns hier für die herzhafte Variante entschieden und präsentieren Pizzahappen mit knusprigem Parmesan für den finalen WOW-Effekt. Diese Pyramide ist zum Teil Backchallenge, zum Teil Baustelle, zum Teil Skulpturenkunst – aber auf jeden Fall 100 Prozent Spaß!

1 Den Backofen auf 200 °C vorheizen und einen Ofenrost in der Mitte in den Backofen schieben. Ein tiefes Backblech mit einer Backmatte aus Silikon oder Backpapier belegen.

2 Den Pizzateig auf der leicht bemehlten Arbeitsfläche zu einem etwa 3 Millimeter dicken Kreis (ca. 75 cm Ø) ausrollen. Mit einem runden Plätzchenausstecher oder Glas (ca. 6 cm Ø) 28 Kreise ausstechen. Die Teigreste entsorgen.

3 In die Mitte jedes Teigkreises ¼ Teelöffel Sauce geben. Darauf etwa ¼ Teelöffel Mozzarella streuen und diesen wiederum mit ¼ Teelöffel anderer Füllung belegen (siehe vorgeschlagene Pizza-Kombis auf S. 183). Den Teig über die Füllung schlagen und an den Rändern andrücken. Anschließend zu Kugeln formen.

4 Die Teigbällchen mit etwas Abstand dazwischen auf das Backblech legen und 18 bis 20 Minuten im Ofen backen, bis der Teig goldbraun ist. Die Bällchen auf einen Teller legen und beiseitestellen.

5 Den Parmesan in einer gewundenen, etwa 10 Zentimeter langen und 10 Zentimeter breiten Linie auf das soeben benutzte Backblech streuen. 3 bis 5 Minuten im Ofen backen, bis der Käse goldbraun und knusprig ist. Beiseitestellen und abkühlen lassen.

6 7 Pizzabällchen auf einem großen Teller aufeinanderstapeln, dabei falls nötig mit Zahnstochern fixieren. 5 Pizzabällchen um die Basis der Säule herum anordnen und anschließend die restlichen Pizzabällchen daraufstapeln, dabei wiederum falls nötig mit Zahnstochern fixieren. Den Parmesan an den Pizzaturm lehnen und sofort servieren.

Pizza-Kombis

Tomatensauce + Käse + Peperoni

Tomatensauce + Käse + Schinken + Ananas

Tomatensauce + Käse + Bacon + Ranch-Dressing

Alfredo-Sauce + Käse + Pesto

Pesto + Käse + Bacon

Danksagung

Autor und Original-rezeptentwickler

Casey Elsass

Rezepttesterin

Kyra Werbin

Wir danken allen bei Tasty

Emily DePaula
Ines Pacheco
Eric Karp
Parker Ortolani
Jessica Jean Jardine
Angela Krasnick
Jailyn Paulino
Pierce Abernathy
Jordan Kenna
Gwenaelle Le Cochennec
sowie dem gesamten
Tasty- & BuzzFeed-Team

Foodstyling und Foodfotografie

Lauren Volo
Monica Pierini
Maeve Sheridan
Christina Zhang
Krystal Rack
Andie McMahon
Julia Memoli

Wir danken allen bei Clarkson Potter

Raquel Pelzel
Lydia O'Brien
Bianca Cruz
Marysarah Quinn
Stephanie Huntwork
Jen Wang
Sonia Persad
Robert Diaz
Ashley Tucker
Derek Gullino
Mark McCauslin
Heather Williamson
Merri Ann Morrell
Nick Patton
Kate Tyler
Windy Dorresteyn
Andrea Portanova
Aaron Wehner
Francis Lam
Jill Flaxman

Register